금전운을 불러오는
신의 한 수

\# 당신의 인생을 확 바꿀 부의 전략

\# 운이 찾아오게 만드는 위대한 품격

\# 인생을 바꾸는 행운의 기술

\# 인생 대전환을 위한 최고의 부의 전략

억수로 운 좋은 사람

운은 실력보다 힘이 더 셉니다.
왜냐하면 실력은 인간의 힘이지만,
운은 하늘의 힘이기 때문입니다.

그래서 누구든 억수로 운 좋은 사람을 이길 수 없죠.
인간이 하늘을 이기는 법은 없기 때문이죠.

| 금전운을 불러오는 **신의 한 수**

"운運

이제 당신
차례입니다. "

| 금전운을 불러오는 **신의 한 수**

뭘 해도

돈, 사람, 성공이 따르는 해답

낙심할 이유는 있을지언정
행운(幸運)까지 포기할 이유는 없다.

생각의 씨를 뿌리면 행동을 거둬들일 것이요
행동의 씨를 뿌리면 습관을 거둬들일 것이요
습관의 씨를 뿌리면 성품을 거둬들일 것이요
성품의 씨를 뿌리면 운명을 거둬들일 것이다.

－ 새뮤얼 스마일즈의 〈자조론〉 중에서

"운을 끌어당겨 보세요"

「어서오세요- 부자 되세요~ 운이 가득하세요, 늘 행운이 있기를」바라며 문안 인사드립니다.

운은 타고나는 걸까요? 왠지 운이 나만 비켜나간다고 느껴진다고요? 하는 일마다 잘 안 돼요..., 분명 운은 타고나는 것이 아니라 만들어가는 것입니다.

이 책엔 운을 나에게 끌어당겨 내 것으로 만드는 전략이 가득 담겨있다. 이 책을 손에 쥐어 넘기다가 생각이 확 바뀌고, 한 장 한 장 책장을 넘길수록 행운이 쏙~ 스며들어올 것이다. 이제 행운이 더 이상 남의 것이나 먼 곳의 이야기가 아니라, 내가 손을 내미는 순간 언제든 내 것이 될 수 있다는 희망을 갖기를 간절히 바란다.

다시 부탁하기는 이 책을 꼭 움켜쥐고 거듭 읽어 주라. 결코 우연이 아니라 엄청난 행운이 따를 것이다.

당신의 인생길에 부와 건강이 한평생 지속되며 좋은 운으로 가득 채워질 비밀을 담았다. 이전과는 다른 일상의 금전운을 상승시켜 줄 것이다.

내 30년 오랜 연구 끝에 성공학과 인문학을 융합한 독자적인 결정판이자 확립한 성공학(成功學)이다. 특히 억수로 운이 좋은 인생, 관계 그리고 부를 갈망하고 성공을 꿈꾸는 분들을 위해 배려된 행운론이다. 더불어 운이 따르지 않아 좌절하고 지쳐 힘든 이들을 향해 따스한 희망의 위로들로 가득 담았다. 마침내 운명까지 바꾸고 문제를 개선하여 오늘보다 더 나은 내일을 열망하는 사람들을 대박 행운(幸運)이 임하는 삶으로 바꾸어 줄 것을 확신한다.

부디 진지한 삶의 실천들이 쌓여 인생 갖가지 문제와 한계를 뛰어넘어 위대한 삶으로 전환되어 좋은 운이 귀환하게 될 것이다.

분명 어떻게 하면 보다 더 금전운이 따르는 사람이 될 수 있을까? 운을 불러들이는 방법에 관심 있는 사람들을 위한, 행운을 내

것으로 만드는, 뭘 해도 운이 따르는..., 결국은 읽다 보면 운 좋은 인생이 될 것이다. 더 나아가 돈과 좋은 사람이 찾아올 것을 예상하고 행운의 영적 차원, 즉 직관과 예지, 꿈, 명상, 기도, 확신, 영상, 육감, 마인드, 그리고 태도와 행동, 습관, 언어 등 운명까지 변화될 것이다.

이 책에서는 돈, 사람, 성공을 끌어당기는 습관의 변화를 이끌어낼 수 있는 구체적인 방법들을 소개하고 있다.

그렇다고 마냥 목표만 바라만 보고 있거나, 마주치게 될지도 모르는 많은 위험들만 생각하다 보면 한발도 내딛지 못한다. 두려워 시도조차 못하고 노력도 하지 않으면 그 무엇도 결코 이룰 수 없다. 고대 그리스의 철학자인 플라톤은 "어떤 일이든 시작이 가장 중요하다"라고 말했다. 바로 지금 돈과 사람을 끌어당기기 위해 그 첫발을 내디딜 때다. 도중에 뒤로 물러서거나 미끄러질 수 있으나 결국에는 앞으로 나아갈 것이다.

이 책을 한번 읽지도 않고 쉽게 당신의 인생에 한계를 긋지 마라. 당장 뭐하나 자원이 없다하여 마음속에 가둬두지 말고 이룰 꿈을 계속하여 떠올려라. 뜻을 높게 세우고 그리고는 운을 설계하고 부른다. 반드시 머지않아 간절히 바라던 그 목표에 도달하게 된다. 곧 변화되고 자기 혁명을 일으켜 정상에 서게 될 것이다.

이제 남은 과제는 운으로 승부를 걸고 부단히 실천에 옮기는 것이다. 분명 그러한 당신은 하는 일마다 술술 잘 풀리어 성공할 수 있게 될 것이다.

누구나 미래를 예측하고 계획대로 산다는 건 힘들다. 그러나 지속적인 자아 혁명을 통해 작은 것이라도 나쁜 습관을 바꾸고 좋은 운을 기대하며 설계하여 준비한다. 그래서 영국 극작가 토머스 데커가 말하기를 "좋은 습관으로 성격을 다스린다면 그때부터 운명은 새로운 문을 열 것." 이라고 하였다.

자, 당차게 퍼뜩 일어나 다시 시작한다. 우리에겐 이미 불도저처럼 밀고 나갈 잠재적 힘을 지니고 있기 때문이다.

확신하건대, 이 책을 수차례 자근자근 씹어 읽고 적고 숙지하여 거듭 숙성시킨다. 제시하는 실천 과제를 따라준다면 분명 뭘 해도 운이 따르는 인생이 될 것이며, 오늘보다 더 높게 비상하여 위대한 성취를 누리게 될 것이다. 운명 또한 바뀔 것이다.

이 책을 읽고는 억수로 운이 좋은 삶을 경험하길, 우리 주변의 사람들에게도 유익한 영감을 주는 지혜로운 지침서가 되기를 바란다.

여러분을 위해 기원하되 '돈 세다 잠들게 하소서!'

그리고 여러분이 가는 인생길에 늘 행운의 미소가 함께 하기를 기대합니다.

정병태 박사

차례

3부

돈, 사람, 성공을 만드는 힘

4부

운명을 내것으로 만드는 힘

1부

부의 에너지를
끌어당기는
억수로 좋은 운(運)

1

억세게 운이 좋아지는 비밀

이 책을 손에 쥐는 것만으로도

억세게 좋은 행운이 찾아들게 될 것이다.

– 저자 정병태

말하는 대로 이루어진다

"

우연이란 없다.

우리가 처한 주변 상황을 우연한 것으로

받아들이지만, 사실 그 상황은 그럴 만한 충분한

까닭을 지니고 있다.

"

독일 고전주의 작가
'요한 프레드릭 폰 쉴러'(1759~1805)

억수로 운이 좋은 사람들의 비밀

행운과 불운은 한 새끼줄의 두 가닥이다.

– 일본 속담

아주 유명한 우스갯 이야기이지만 그 의미가 가르침을 주기에 나눈다. 그는 신앙심이 좋아 매일 하나님에게 무릎을 꿇고 기도하는 사람이었다.

"하나님, 제발 로또에 당첨되게 해주세요."
그는 매일같이 눈물을 흘리며 간절하게 소원을 빌었다.
그렇게 하루하루 365일 아랑곳하지 않고 믿음으로
두 손을 모아 기도했다. 결국 보다 못한 하나님이 나타나
그에게 응답의 목소리를 들려주었다.
"제발, 당첨시켜줄 테니까, 로또 좀 사고 기도하렴."

만약 누구든 로또 1등으로 일확천금의 부자가 되기를 꿈꾼다면 꾸준히 복권 사는 노력을 해야 한다. 사지도 않고 가만히 있는데 저절로 로또가 굴러 들어오지 않는다. 이렇듯 뭘 해도 운이 좋은 사람들은 긍정의 에너지로써 땀 흘려 노력하고 돈과 사람을 끌어 당기는 데일리 루틴의 기본기를 갖추었다. 그리고는 하는 말이 "운이 좋았어요!"

사람은 살아가면서 평균 한두 번의 대운(大運)을 경험하게 된다. 내게 찾아오는 운을 절대 놓치지 않도록 해야 한다.

지금 당신의 눈앞에 다가온 대운을 마주하고 있음을 인지하고 있는가?

대운은 일생에 큰 영향을 미치는 운으로 잘 활용하면 자신의 운명을 보다 유리하게 펼칠 수 있다. 평생 운이 따라다니게 된다.

억수로 운 좋은 사람들에 대한 연구 및 과학적 방법에서 대다수가 공통점을 지니고 있다는 것을 알 수 있었다. 전적으로는 아닐지 몰라도 많은 사람들은 우연으로 생각하는 일들을 어떤 존재에 의해 의도된 의미 있는 일로 여김으로써 스스로에게 행운을 불러들였다. 즉 자신들이 행운을 얻은 데에는 어떤 존재의 의미가 크게 작용했다고 믿는다. 그래서 운이 좋은 사람들은 자신에게 행운이 온다는 의식적 믿음을 가짐으로써 실제로 운을 불러들이는 행동을 한다. 그 결과 평생 운이 따라다닌다.

오늘 중요한 미팅 날이다. 그런데 늦잠을 잔 김○○대리는 부랴부랴 준비해 집을 나섰다. 그런데 미팅 장소에 제시간에 가려면 다음과 같은 선택의 기로에 서게 되었다.

1. 전철을 타면 약속한 제시간 안에 도착할 수 있다.
2. 택시를 타면 시간에 맞춰 도착할 수 있지만, 출근길이라 교통 체중과 신호에 잘못 걸리면 지각할 확률이 있다.

이러한 두 상황에서 김○○대리는 도착 시간을 운에 맡기기로

하고는, 회사가 지원하는 교통비로 편하게 가고자 택시를 타게 된다. 하지만 택시를 탄 김○○대리는 운이 나쁘게도 교통 체증으로 만남 장소에 늦게 도착하였다. 결국 중요한 미팅 자리에서 좋지 않은 인상을 남기고야 말았다.

그때부터 김○○대리는 회사에서 지각하는 사람으로 낙인이 찍혔고 당분간 인정받을 수 있는 좋은 기회를 놓치게 되었다.

이렇듯 평상시 습관화된 일상의 루틴생활 속에서 좋은 평판과 신뢰를 쌓아가는 것은 운에 맡기는 것이 아니다.

운(運)이란 좋은 평판과 신용을 가진 사람을 따르는 속성을 가지고 있어 찾아오는 기회다. 그래서 운은 그것을 받아들일 기본기를 갖춘 사람에게만 찾아간다. 따라서 지금부터라도 좋은 운을 끌어당기기 위해 맹렬히 전투적 노력을 다하는 사람에게 주어진다.

결국 평생 운이 따라다니며 운 좋은 인생이 될 것이다.

운을 끌어당기는 선택

억수로 운이 좋은 사람들은 '업(業)'을 중요시 여긴다. 업(業)이란 우리의 생각과 행위에 따른 인과 관계(因果 關係)를 칭하는 개념이다. 지금 그 언행이 모든 것의 결과를 초래한다. 아무리 작은 행위 하나라도 거기에는 반드시 원인과 결과가 따른다. 그래서 운이 따르는 사람들은 일상의 삶을 감사하며 남에게 베푸는 것을 좋아한다. 감사하고 베푼 것은 다시 운으로 돌아온다고 믿기 때문이다. 결국 부정적인 발산, 탐욕이나 시기심, 그리고 험담과 부정적 생각 등은 스스로가 찾아오는 운(運)을 막는 경우가 된다.

이렇듯 평생 좋은 운은 순간순간의 선택이기에 하루하루를 긍정적이 되는 쪽을 선택한다. 날마다 주어진 선택에서 어떤 원칙, 태도, 습관, 행동 등을 중요하게 생각하며 일상생활 속에서 운을 끌어당기는 선택을 취한다.

정신과 의사 로버트 홉크에 따르면,

"운이 좋은 사람들은 자기들이 원하지 않던 우연히 일어난다고 해도 그 속에서 가치와 의미를 발견하고 교훈을 배우는 사람들이다."

여기서 말하는 우연(Chance)은 우리가 살면서 무엇을 해야겠다며 의식하든, 무엇은 절대 받아들이지 않겠다는 식의 굳은 결심을 했을 때 일어나는 경향이다. 따라서 무작정 지인의 권유로 주식이나 금융, 부동산에 투자하지 않는다. 대신 스스로 공부한 뒤

원하여 자신의 의지와 판단으로 결정한다. 결국 자기긍정감(지금 나의 모습 그대로 행복해질 수 있다)이 높아져 부와 성공을 끌어당기게 된다. 설령 거북한 사람을 만나도 생글생글 웃으며 친절을 베푼다. 이때 운이 따르는 것이다.

우리 각자는 누구도 대체할 수 없는 고유한 존재이다.

그래서 누구든 자신이 원하며 생각하는 것을 끌어당기는 힘이 있다. 이를테면 주위에 좋은 일이 생기면 꼭 먼저 다가가서 축하하고 칭찬해준다. 그 운이 내게로 올 수 있기 때문이다. 운이 좋은 사람들은 대개 표정이 너그럽고 여유가 있으며 친절하고 칭찬에 능하다.

그래서 최고의 관상은 웃는 얼굴이라고 하지 않는가. 웃으면 엄청난 좋은 것들이 흘러들어오고 무엇보다 주변에 적이 없어지게 된다. 이것이 좋은 운을 끌어당기는 사람들의 비밀이다.

나는 오랜 시간 부와 운(運)의 관계에 대해 진지하게 고찰했다. 부와 운은 어떤 사람들과 상황, 경우에 찾아오는지를 알고 싶었기 때문이다. 결과적으로 부와 운은 마치 팝콘이 튀는 듯 연속적 행운으로 드러날 수 있다. 물론 어떤 경우에는 행운과 불운이 겹쳐 일어날 수도 있다. 그런데 운 좋은 사람들은 연속적 행운이 이어가는 경우가 더 많았다.

이들의 특징은 현재의 삶에 감사하며 처한 환경에 만족하는 삶을 산다. 그러기에 연속적인 부와 운이 따른다.

결국 운 좋은 인생이 된다.

이것이 평생 부와 운이 지속되는 비밀이었다.

스스로 운을 개척하는 법

1. 운이 따르려면 바로 결심, 행동, 노력 등 치밀한 계획을 세워 실천한다.
2. 철저한 준비와 중간에 그만두지 않으며 끊임없이 노력한다.
3. 목적 있는 삶을 산다. 이를테면 봉사, 운동, 독서, 명상, 긍정 마인드 등을 실천하며 습관으로 만든다.
4. 운과 부를 이루는 핵심에는 사람이 있다는 사실을 잊지 말라.

부와 운의 흐름에 올라타는 법

오늘 지금 좋은 일들이 거듭되면 결국 운 좋은 인생이 된다. 그래서 운도 소중하게 다루는 것이지 마냥 우연으로 기다리는 것이 아니라, 하루하루 일상의 운에 대한 주도권을 가지고 살아간다. 그러면 매일의 삶을 더 좋은 운으로 만들어간다.

기원후 1세기 로마의 시인 오비디우스(푸블리우스 오비디우스 나소, BC 43-AD 17)는 운에 대해 "운은 모든 것에 영향을 미친다"라고 하였다.

흔히 연속될 행운의 확률은 1,000만분의 1이다. 반면 연속적으로 카지노에서 돈을 딸 수 있는 것, 로또복권에 당첨되는 것은 100년에 한 번 나올 수 있는 확률로 본다. 그러나 억수로 운이 좋은 사람들은 모두 자신들이 선택한 번호가 당첨될 것을 기대하고는, 언젠가는 맞을 것을 앞당겨 기대한다.

로또복권에 당첨되는 확률은 벼락을 맞을 확률과 비슷하다. 그런데도 실제 로또복권에 당첨되는 사람들이 매주 나오고 있다. 이는 부와 운이 따를 긍정적인 힘의 흐름에 올라탔기 때문에 가능한 것이다.

앞으로 당신이 흐르는 운에 오를 수 있기를 기대한다.

인간의 행복은 운과 떼려야 뗄 수 없는 관계에 있다. 'HAPPY(행복)'이라는 낱말은 '우연'과 '행운'을 뜻하는 아이슬란드어 '하프(happ)'에서 나온 것이다. 'LUCK(럭:운)'이라는 말은 15세기 독일어의 단어 '글럭(gluck)'에서 따온 것으로 '행운'과 '행복'을 뜻한다.

악기 하프가 행운의 상징으로 여겨져 왔고, 하프를 연주하는 사람은 행운을 가져다주는 사람으로 여겨졌다.

혹시 여러분도 운(運)이란 무엇인가에 대한 진지한 고찰을 해 보았는가? 평소 운이 좋은 사람들은 부와 운이 찾아들 수 있는 기회를 자기 스스로가 만든다.

어느 순간 어떤 꿈을 꾸거나 환영을 보고 나서 그것이 현실이 될 것임을 믿는다. 물론 예감이니 예지니 하는 것을 믿고, 거기에 기대를 걸고 도박을 하라는 것은 아니다. 다만 내가 무엇을 선택하든, 어디를 가서 사람을 만나든 행운의 여신이 늘 내 뒤를 따라다니며 나를 도와주고 있음을 믿는다.

운은 모든 사람에게 동일한 기회를 준다. 행운은 내 편이라는 믿음이야말로 큰 위안이고 희망이 된다. '운이 내 편'이라는 그 믿음을 가진 사람에게 유리하게 작용하기 때문이다.

"당신은 부와 운을 불러들여 옴 붙는 사람이다."

"운은 언제나 내 편이다."

매일 운을 부르는 말들

　나의 운명을 지배하는 평생 좋은 운이 따르도록 매일의 심상화 루틴으로 돌린다. 운은 부를수록 더 커진다. 그 이유는 운은 순환되기 때문이다. 그래서 평생 운이 따르는 사람들은 이런 말들을 통해 심상화 루틴의 언어생활을 주고받는다.

　"행운을 빕니다"
　"너는 운을 타고났어"
　"운도 좋아"
　"운수 대통하세요"
　"억수로 좋다, 네 인생"

　"운이 따르네"
　"다음에는 운이 따라올 거야"
　"연속적으로 로또복권에 당첨돼라"
　"세상의 행운을 몽땅 차지하라"

　"늘 행운이 가득하길"
　"행운은 반드시 당신을 찾아옵니다"
　"운을 달고 있는 너와 함께 하고 싶어"

　"나는/당신은 가슴 뛰는 삶을 살 거야"

"나는/당신은 행운이 가득할 거야"
"나는/당신은 운이 좋은 사람이다"

　이렇듯 부와 운이 따르고 있음을 굳은 신념으로 마음에 품고 매일매일 일상에서 심상화 훈련을 실천한다. 분명 내일의 삶에 부와 운의 에너지가 밀려들기 시작하고 평생 운이 따르는 인생이 될 것이다. 운은 언제나 내 편이기 때문이다.

억수로 운 좋은 인생 만들기

팔자도 바꿀 수 있다는 것이 나의 확고한 신념이다.

흔히들 '큰 부자는 하늘이 내린다'고 말한다. 얼마든지 지금 신세, 팔자를 주도적인 태도로 최고의 운명으로 바꿀 수 있다. 명심할 것은 누구든 태어날 때부터 운명이 정해진 사람은 없다. 내일의 운명에 과거는 문제가 되지 않는다. 그래서 내일의 운명에 도전하는 사람이 아름다운 것이다.

"내가 헛되이 보낸 오늘은 어제 죽은 이가 그토록 바라던 내일이다"라는 말이 있듯이, 영국의 시인 극작가 윌리엄 셰익스피어(William Shakespeare, 1564~1616)는 '세상에는 좋은 것도 없고 나쁜 것도 없다. 우리의 생각이 그렇게 만들 뿐이다'라고 했다.

그렇다. 생각을 바꾸면 행동이 달라지고, 행동을 바꾸면 운명이 달라진다. 그러므로 절대로 팔자타령을 하거나 운명을 비하하지 마라. '내 팔자가 그렇지 뭐', '아이고, 내 팔자야', '이번 생은 끝났어.' 등, 절대 그렇지않다. 나쁜 운을 갖고 태어난 사람은 한 사람도 없다.

이처럼 팔자타령이나 하면서 멋지게 성공했다는 말을 들어보거나 본적이 없다. 이제 얼마든지 '잘 된다'는 긍정의 생각과 주도적인 태도로 억수로 운 좋은 인생을 누릴 수 있다. 뭘 해도 운이 따르는 인생이 된다.

독일의 대문호 괴테는 다음과 같이 말하였다.

"우리가 사람들을 현재의 존재로만 받아들인다면 그들을 더 나쁘게 만들게 된다. 그러나 우리가 그들을 마땅히 되었어야 할 존재로 맞아들인다면 그렇게 될 수 있는 그들의 능력에 도움을 줄 수 있을 것이다."

사실 내 '운명'이 아름답고 좋은 운이 따르는 것은 예측 불가능한 '운명'에서도 주도적으로 도전했기 때문이다.

미국의 32대 4선의 대통령 프랭클린 루스벨트(1882~1945)는 "우리가 두려워할 것은 우리 자신 안의 두려움밖에는 없다"라고 말했다. 또한 맥아더 장군(Douglas MacArthur, 1880~1964)은 사람들이 쉽게 실패하는 원인을 자부심의 결핍으로 보았다.

그렇다면 용기(자신감)는 어떻게 만들어지는가?

바로 높은 긍지와 자부심에서 비롯된다. '나도 할 수 있다'는 자기긍정감을 갖는 것이 중요하다.

만약 자신의 감정을 억누르거나 상심, 걱정, 공포 등에 사로잡혀 마음대로 행동하지 못하고 다른 사람에 의해 조종당하고 있다는 느낌 속에서 생활하고 있다면 부와 운이 따르지 않을 수 있다. 하지만 높은 자존감은 자신의 가치를 깨닫고 실제로 자신을 운 좋은 사람으로 인식하고 행동한다. 나는 원래 운 좋은 인생을 따르는 사람이라고 믿는다. 그런데 의외로 우리 주변에 자존감이 낮은 사람이 무척 많다. 남의 안 좋은 점을 들춰내고 흉을 보며 다른 사람에 대해 증오한다. 더 나아가서는 감정의 기복이 심해지고 자기조차 비하한다. 그리고 다른 사람보다 더 우월하게 보이고 싶어 하는 지나친 욕심을 부린다. 결국 열등감에 사로잡혀 부와 운의 에너지를 빼앗기게 된다.

최악의 환경에서 희망을 호소한 마틴 루터 킹(Luther King Jr. 1929~1968) 목사는 이렇게 말했다.

"만약 당신이 거리를 청소하라는 지시를 받았다면, 베토벤이 음악을 작곡하듯이 거리를 청소하십시오. 그러면 힘든 하루를 보내지 않을 것입니다."

그런가 하면 스스로 부의 운을 만들어 내 부자 기업을 일군 현대그룹의 창업주 정주영 회장이 남긴 말은 부와 운의 에너지를 끌어당기기에 충분했다.

"무엇이든 할 수 있다고 생각하는 사람이 해내는 법이다."
"길이 없으면 길을 찾고, 찾아도 없으면 만들면 된다."

이렇듯 인생이 잘 풀리고 억수로 운이 좋은 사람들을 보면, 내일의 삶을 긍정적으로 대하고 맞이했다. 그리고 큰 뜻을 위해 높은 비전을 갖는다. 이때 평생 운이 따르는 것이다.

뭘 해도 운이 따르는 비밀

내 삶으로 운을 끌어당기려면 평소에 어떤 사람
과 어울리느냐가 매우 중요하다. 바로 평소 나를
인정해 주고 존중해주는 사람, 나를 자랑스럽게
봐주며 많이 보고 싶어하는 사람을 가까이해야
한다.

"너는 억수로 운이 좋은 사람이야!"
"당신은 평생 운이 따른다."

2

행운의 마력

행운을 가져다주는 숫자와 상징들

말하는 대로 이루어진다

> **"**
>
> 행운은 결코
>
> 우연히 찾아오는 것이 아니라,
>
> 항상 준비된 마음과
>
> 노력의 결과이다.
>
> **"**

– 미국의 소설가 '헤르만 멜빌'

돈을 부르는 행운

"사람이 따르고 돈을 부르는
행운은 반드시 찾아옵니다."

좋은 운은 누구에게나 사람을 통해 찾아온다. 그러나 그 운을 제대로 맞이할 준비되어 있는 사람들만이 그 행운을 최대한으로 누릴 수 있다. 자신의 대운을 믿고 긍정적으로 생각하면 좋은 운을 끌어올 수 있다. '나는 운이 참 좋다' 믿고 하루하루의 기회를 진지하고 보다 긍정적으로 대응하고 새로운 도전에 나서는 것이 중요하다.

행운(幸運 다행 행, 옮길 운)은 좋은 일과 행복한 운수를 뜻한다. 간단히 운(運)은 의지나 노력과는 상관없이 어쩔 수 없이 생기는 일을 말한다. 그 좋은 운은 내가 끌어당겨 내 편으로 만들 수 있다.

고대 로마 제국 시대의 수사학자 세네카는 '행운'이란 준비가 기회를 만났을 때 발생되는 현상이라고 설명했다. 행운은 손 놓고 기다리는 사람이 아니라 손수 준비하고 있는 사람에게 찾아온다는 점이 중요하다.

행운을 가져다주는 숫자와 상징

일본인들은 '7'을 행운의 숫자로 생각한다. 반면 숫자 4와 9를 기피하는 경향이 있다. 우리나라는 유독 숫자 4를 기피한다. 그런데 일본어 4와 9가 합쳐지면(49요쿠나로) 모든 일이 좋아지는 의미로 사용된다.

행운의 숫자

3, 6, 7, 8, 9, 13

거의 모든 사람들이 행운을 가져다준다고 믿는 숫자 7과 8을 좋아한다. 우리나라에서 행운의 숫자는 3과 7이다. 중국은 숫자 8과 9를 부와 행운의 숫자라 여긴다. 그리고 6은 서양 문화에서도 행운의 숫자로 여겨진다. 고대 그리스인들은 '7'이라는 숫자를 오랜 세월 동안 행운의 숫자로 여겨 왔다. 반면 불길하게 여겨지는 숫자는 4와 13이다.

금룡(金龍)의 상징: 부

홍룡(紅龍)의 상징: 가족 건강

불교, 힌두교에서 행운을 가져다준다고 믿는 문화들로는, 귀중한 우산, 한 쌍의 황금 물고기, 흰 소라, 보물 꽃병, 연꽃, 무한 매듭, 승리의 휠 등이 있다.

중국 전통에서는 황금 물고기가 풍요와 행운의 상징으로 여겨진다. 꿈은 경사스러운 일이나 행운을 상징한다.

또한 옛부터 중국인들은 아로와나 중에서 금빛을 띠는 금룡(金龍)을 부의 상징으로, 붉은빛을 띠는 홍룡(紅龍)을 가족 건강을 지켜주는 '수호신'으로 믿었다.

행운의 상징 : 바다새, 먹황새

바다 선원들에게 행운의 상징으로 간주 되는 바다새, 먹황새 등이 있다.

운이 좋아지는 정사각형 못

이탈리아 사람들에게 두 개의 오래된 정사각형 못을 우연히 발견하면 운이 좋다고 믿는다.

부와 행운의 상징들

붉은 뿔, 붉은 고추 등의 상징은 다산, 정력, 체력의 상징이 되는 남근 모양으로 인해 신석기 시대부터 좋은 징조로 여겨져 왔다.

네잎 클로버는 네 잎을 가지는 토끼풀속의 기형이다. 예부터 전해지기를 행운을 가져온다고 한다. 또한 사제들이 악운을 몰아내기 위해 몸에 지녔던 부적이기도 하다.

우리나라 조상들은 흰 제비를 행운이나 복, 재물을 상징하는 새로 여겼다.

행운을 관장하는 포르투나(Fortuna) 여신

주화: 행운을 가져다주는 포르투나(Fortuna) 여신

2세기 동전에 있는 Fortuna Redux. 그녀는 지구에 부착된 풍요의 뿔과 방향타를 들고 있다.

고대 문화는 행운과 불운이 사람의 삶에 커다란 영향을 미친다고 믿었다. 기원전 3200년경 이집트 사람들은 신에게 복을 청하는 종교의식을 거행할 때 기도용 부적을 몸에 지니는 습관이 있었다. 즉 실체를 알 수 없는 운의 힘을 신격화하여 복을 빌었다.

이집트 사람들은 베스(Bes) 신과 바스테트(Bast) 신을 다산과 풍요를 주는 행운의 신으로 섬겼다. 또 그리스 사람들은 제우스의 전령 헤르메스(Hermes)를, 로마 사람들은 행운을 가져다주는 포르투나(Fortuna) 운명의 여신을 섬겼다.

그리스 로마 동전에는 포르투나 여신의 모습이 새겨져 있는데, 한 손에는 풍요의 상징으로 제우스 신이 아기였을 때 젖을 먹였다는 염소의 뿔을, 또 한 손에는 인간의 운명을 관장한다는 의미로 배의 방향타를 쥐고 있다.

운명의 수레바퀴

운명의 수레바퀴에 매달린 인생

반복되는 운명의 수레바퀴에 매달린 사람들은 변덕스러운 운명에 의해 신세가 바뀔 수 있음을 의미한다. 그런데 운명의 여신은 동그란 구체를 타고 있다. 이것은 아직 정해지지 않은 불안전한 운명을 상징한다. 수레바퀴, 즉 얼마든지 운명을 바꿀 수 있다는 의미이다.

이렇듯 운명이란 수레바퀴가 돌아가듯 정해져 있지 않다는 것을 알 수 있다. 누구든 미래의 운명이 어디로 어떻게 흘러갈지는 아무도 모른다. 반복적으로 돌아가고 있기 때문이다.

운명의 바퀴, 반복되는 행운의 상징

　수레바퀴 꼭대기에 있는 인간은 행운의 절정을 누리는 중이고, 바닥 쪽에 있는 인간은 불운의 늪을 헤매는 중이다. 하지만 그 상태가 언제까지나 영원히 유지되지는 않는다.

　행운의 수레바퀴는 4개의 섹터로 나누어져 4명의 인물을 볼 수 있다. 왼쪽에는 "regnabo"(= 내가 통치할 것입니다), 왕좌에 앉아 있는 면류관을 쓴 인물이 있는 윗부분에는 "Regno"(= 내가 통치합니다), 시계 방향으로 내려가면 "당신은 군림"(= 나는 군림했다) 그리고 아래 부분에는 "sum sine 다스린다"(= 나는 군림하지 않는다)

이렇듯 수레바퀴의 운명은 얼마든지 바뀔 수 있다는 의미이다.

'행운' 라틴어 용어 'fortuna'는 '많은'을 의미하는 fors에서 파생되며 '운반하다'를 의미하는 ferre와 동일한 어근을 갖는다. 따라서 행운(fortuna)은 〈운을 가져다주는 것〉을 의미할 수 있다.

그러므로 '행운'은 이성적으로 설명할 수 없는 사건과 상황의 추정된 원인 그리고 예측할 수 없으며 통제할 수 없는 힘 정도로 정의할 수 있다.

타로의 10. 운명의 바퀴

고리의 주위를 4원소를 맡는 천사가 둘러싸고 있는 모습이 그려져 있다(이 천사들은 '세계'를 향해서 이동중이다). 고리의 정상의 생물도 분명히 스핑크스로서 그려져 있다.

동물들이 손에 들고 있는 책은 지혜를 나타내는 성서이다. 그리고 바퀴의 중간에는 수은, 황, 물, 소금을 포함한 화학 원소 4가지와 생명의 기초를 나타낸다.

이 카드에 연결된 행성은 기회, 성장, 성공, 확장의 행성인 목성이다.

운명의 여신 포르투나(Fortuna)

영국의 화가 '번 존스'이 그린 〈운명의 수레바퀴(Wheel of Fortune)〉, 1883년

그림 왼쪽에는 운명의 여신인 포르투나가 있고 바퀴에는 세 명의 남자들이 매달려 있다. 제일 위는 거지이며, 가운데 왕, 제일 아래쪽엔 시인이라고 한다.

운명의 여신 포르투나는 무심한 듯이 수레바퀴에 기대어 서서 수레바퀴에 매달린 사람들에 대해서 뭔가를 생각하고 있는 것 같다.

행운의 클로버

혹 세 잎 클로버의 의미를 알고 있는지?

전설에 의하면 프랑스 황제 나폴레옹이 전쟁에서 자신의 발밑에 네잎 클로버를 발견하고 허리를 굽히는 순간, 적군의 총알을 피하게 되었다고 한다. 나폴레옹이 네잎 클로버를 보고 허리를 굽히지 않았다면 그대로 죽을 수도 있었다. 그때부터 네잎 클로버는 행운의 상징이 되었다고 한다.

세 잎 클로버는 행복, 네잎 클로버는 행운, 다섯 잎 클로버는 불행과 두려움이며, 여섯 잎 클로버는 기적과 희망을 의미한다. 그러므로 세 잎 클로버가 행운의 문을 열어주는 행복이다. 그런데 행복을 곁에 두고도 세 잎 클로버를 짓밟고 뭉게지 않기를 바란다.

세잎 클로버 속에서 아주 드물게 눈에 띄는 네잎 클로버는 고대 영국의 켈트족의 드루이드(druids) 사제들이 어둠의 힘과 악운을 몰아내기 위해 몸에 지니던 부적이었다. 그래서 행운의 풀로 불렸다. 켈트족 드루이드교 사제들은 네잎 클로버를 행운의 마력을 가진 식물로 여겼다.

또 로마 사람들은 악운을 몰아내는 부적을 고안해냈고, 한편 행운을 불러오는 부적으로 행운의 팔찌라는 것을 차고 다녔다.

고대 문화에서는 성벽 돌에 입을 맞추면 행운을 얻으며 엄청나게 좋은 일들이 있을 것이라고 생각했다. 아일랜드 사람들은 행운을 얻고 싶을 때는 우물이나 샘으로 가서 꽃이나 동전을 던지고 소원을 빌었다.

억만장자 존 록펠러는 늘 복을 가져다준다는 돌을 지니고 다니면서 중요한 결정을 할 때면 언제나 그 돌을 손으로 비비며 복을 빌었다고 한다. 그런가 하면 영국의 윈스턴 처칠 수상은 자신의 지팡이가 복을 가져다준다고 믿어서 외출할 때면 언제나 그 지팡이를 짚고 다녔다. 또 농구 황제 마이클 조던은 대학 선수 시절에 입던 반바지를 입고 시합을 하였다. 그 반바지가 자신에게 행운을 가져다준다고 믿었기 때문이다.

이처럼 각자 행운을 가져다주는 것을 꼭 붙잡아라.

평생 좋은 운을 부르게 될 것이다. 운은 자신의 마음가짐에 따라 달라질 수 있다. 운명의 여신은 언제나 믿고 따르기로 한 내 곁에 있기 때문이다.

풍요로움을 부르는 지혜

아득히 먼 옛날에 한 젊은이가 숲으로 가서 영혼의 스승에게 이렇게 물었다.

"저는 무한한 풍요로움을 갖고 싶습니다. 그 무한한 풍요로움으로 세상 만물을 돕고 사람들을 치유하고 싶습니다. 그러니 풍요로움을 손에 넣는 비결을 가르쳐주십시오."

그러자 영혼의 스승은 그 젊은이에게 이렇게 답했다.

"모든 인간의 가슴 속에는 두 여신이 살고 있다. 모든 사람들이 이 두 여인을 깊이 사랑한다. 여기에 네가 알아야 할 확실한 비법이 있는데, 너는 두 여신을 모두 사랑하지만, 둘 중의 한명에게 더욱 관심을 쏟아야 한다. 그녀는 학문과 예술을 관장하는 '지혜의 여신'이다. 그녀를 따르고, 그녀를 사랑하고, 그녀에게 정성을 쏟아라. 또 다른 여신의 이름은 부와 행운을 관장하는 '풍요의 여신'이다.

내가 풍요의 여신을 제쳐 놓고 지혜의 여신에게 정성을 쏟으라고 하는 데는 까닭이 있다. 네가 지혜의 여신에게 관심을 쏟을수록 풍요의 여신은 너를 더욱 열렬히 따를 것이다. 풍요의 여신은 네가 어디를 가든 따라다니며 결코 떠나지 않을 것이다. 그리하면 네가 그토록 원하는 무한한 풍요로움은 영원히 네 차지가 될 것이다.."

이 이야기는 디팩 초프라의 저서 〈마음의 법칙〉에 나오는 지혜의 이야기이다. 당신이 지혜를 열렬히 소망한다면 곧 무한한 풍요로움은 찾아올 것이며 어디를 가든지 풍요로움이 뒤를 따를 것이다.

운을 만드는 지혜

1. 운이 따르는 조건
   운을 대하는 마음가짐이 중요하다.
   '나는 참 운이 좋다'고 믿는 마음가짐이 운을 부르고 행복을 만든다.

2. 불운의 요인
   변명하지 말라, 불운의 원인은 외부가 아닌 내가 선택한 것이다.

3

'금전운'이 옴 붙었다

절대 긍정의 예감을 달고 다니자.

'된다',

'운이 좋다',

'할 수 있다'

– 정병태 교수의 외침

말하는 대로 이루어진다

일본 도요타 자동차 정비부분 1위 정비사
하라 마사히코의 한마디

"

생각한 대로
이루어진다.

"

운을 내 것으로 만드는 법

풍요로움, 무한함, 충만함은 원래부터
인간이 지닌 자연스러운 상태다.

– 의학자이자 영성지도자 '디팩 초프라'

운(運)은 어디에 있을까?
운은 당신 주위에 맴돌고 있다.

그럼 운이란 무엇일까?
운에는 기분 좋게 만드는 힘이 있다.

운은 정말 존재할까?
좋든 나쁘든 운이 우리 곁에 있는 건 확실하다.
그래서 어떤 일에 성공한 사람들은 "운이 좋았다."라며 운 덕분이라고 말한다. 반대로 어떤 일에 실패한 사람들은 "운이 따르지 않았다"라며 결과를 운 탓으로 돌린다.

'삼국지(三國志)'의 '수인사대천명(修人事待天命)'에서 유래한 '진인사대천명(盡人事待天命)'은 운명론을 말하고 있다. 뜻을 보면 '최선을 다하고는 하늘의 뜻을 기다린다'는 의미이다.
여기 운수 '운(運)'에는 '돌다', '돌리다', '회전하다', '운전하다'라는 뜻 이외에도 '기(氣)가 나에게로 오게 만든다'는 뜻도 있다.

즉, 운명을 주는 것은 하늘이지만 그 주어진 운을 바꾸는 것은 우리의 몫이다. 이를 '개운법'이라고 한다.

그러니까 '운'이라는 인생의 핸들을 쥐고 스스로 운전해서 원하는 방향으로 나아갈 수 있다.

우선 금전운을 좋게 하기 위해서는 지갑이나 몸에 돈을 항상 지니고 다닌다. 심리적 여유와 돈을 불러들이는 효과로 금전운을 상승하게 만든다. 그리고 돈 버는 운명으로 갈아타려면 먼저 말버릇을 바꿔야 부의 에너지를 발산한다.

금전운을 부르는 말을 분석해보면 주변 사람들을 행복하고 기분 좋게 만들어준다. 이런 말일수록 소리 내어 나눈다. 그러면 더욱 풍요로워진다. 작은 일상의 결과도 감사할 줄 안다. 지금부터라도 금전운을 부르는 말들은 입에 달고 살자. 이를테면

"필요한 돈은 언제나 내 손에 들어온다."

"돈 세다 잠들게 하소서."

"부자 될 것입니다."

"행복하세요."

"세상에서 제일 맛있어."

"고마웠습니다."

"난 행운아야!"

"부자 되세요."

좋은 운을 불러들이는 음식 식사법

- '맛있다'라는 만족감이 느껴지는 음식으로 식사를 한다.
- 그 계절에만 먹을 수 있는 제철 음식을 먹는다.
- 요리는 맛뿐만 아니라 눈으로 먹는 것도 중요하다. 예쁘게 담아 먹는다.
- 평소에 좋은 식기를 택해서 먹는다.
- 식사는 혼자 먹기보다는 가족, 친구, 동료와 함께 즐겁게 먹는다.

행운을 만드는 레드 와인

- 레드 와인은 풍성함과 즐거움을 가져다주고 금독을 제거한다.
- 더불어 건강과 운세를 풍성하게 해주는 행운의 효과도 있다.

운을 부르는 비밀

참 많은 사람들의 입으로 회자되는 사자성어 "운칠기삼(運七技三)"은 모든 일의 성패가 운이 7할을 차지하고, 노력(재주)이 3할을 차지한다는 의미이다. 결국 '운'이 따라주지 않으면 큰일을 이루기 어렵다는 뜻이다. 그러므로 운(運)이 따라줘야 잘 풀린다.

그렇다면 나는 운이 좋은 사람인가, 운이 따르고 있는가?

어쩌면 이 책을 손에 쥔 그 자체가 당신은 억수로 운이 좋은 사람일 수 있다. 곁에 두고 꾸준히 읽고 그 내용을 긍정적으로 복용하여 일상의 삶에서 억수로 좋은 운이 찾아올 것이다.

혹 밤에 길을 걷다가 비싼 보석을 주웠다. 우연히 딱 한번 로또 복권을 샀는데 1등으로 당첨이 되었다면

그는 어떤 사람인가? 억수로 운이 좋은 사람이다.

사실 당신도 억수로 '운(運)이 좋은 사람'이다. 이유인즉, '운'이 옴 붙었기 때문이다. 얼마든지 억수로 '운'이 좋은 인생이 될 수 있다. 운을 좋아하는 사람에겐 '운'이 항상 나에게 달려 붙는다.

'경영의 신'이라 불리던 일본 마쓰시타 전기산업(파나소닉)의 창업주 마쓰시타 고노스케(1894~1989)도 "나는 운이 좋다고 말하는 사람만을 채용한다."라고 말했다. 그는 신입사원 면접 시 반드시 이런 질문을 했다고 한다.

"당신은 지금껏 인생을 살면서 운이 좋았다고 생각하십니까?"

그들 중 대답하기를 "아니오. 운은 언제나 내 편이 아니며 운이 좋았다고 생각하지는 않습니다."라고 말한 사람은 채용하지 않았다고 한다. 대신 "운이 좋았다고 생각합니다."라고 말한 사람은 전부 채용했다. 이유는, 운이 좋은 사람이 회사에 들어와야 운이 들어오는 문이 넓혀지기 때문이다. 그래서 그는 절대 운이 따르는 사람을 좋아했다.

마쓰시타 고노스케가 젊었을 때 일화이다.

하루는 밤에 길을 걷고 있었다. 어느 집에서 싸우는 소리가 들렸다. 다리미질을 하려는 여자와 라디오를 들으려는 남자가 서로 하나의 콘센트를 차지하려 다투고 있었던 것이다. 이때 그의 머리에 떠오른 것이 바로 '쌍가지 소켓'이었다. 이 발명품은 마쓰시타가 훗날 세계적인 대기업으로 성장하는 원동력이 되었다.

다음은 그가 남긴 말이다.

"운이 좋다고 생각하는 사람들의 마음속에는 '어차피 잘 될 거야!'라는 느긋함이 숨어 있다. 그런 사람들은 매사에 감사하며 기쁨과 행복이 항상 찾아온다는 것을 믿는다."

사실 내가 보니 당신은 억수로 좋은 운을 갖고 있다. 앞으로 더 크게 잘 될 사람이라는 소식을 전한다.

내가 조사해보니 놀랍게도 성공한 사람들의 한 가지 공통점은 억수로 운 좋은 사람들과 어울리고 있었다.

"지금 당신은 억수로 운이 좋은 사람과 사귀고 있는가?"

이 질문에 서슴없이 '그렇다'고 답할 수 있는 사람이라면,

당장 사람들을 불러 모아 성대하게 축하파티를 하라. 왜냐하면 당신은 전체 인구의 1%에 속하는 행운이 보장된 사람에 속하기 때문이다. 싫어도 성공할 수밖에 없는 억수로 운이 좋은 사람이다.

많은 사람들은 조금만 안 좋은 일이 벌어지면 '운이 없다' 거나 '재수가 없다'고 치부한다. 하지만 소수의 사람들은 어떤 상황에서도 '운이 좋다'고 생각한다. 아무리 불우하고 괴로운 상황에도, 설령 삶이 붕괴될지라도, 경기가 바닥이어도, 그것이 긴박한 위기일지라도, 능히 역전될 수 있으며 곧 좋아질 것이라고 믿는다. 항상 재수 좋은 사람이라고 믿는다.

그렇다. 운이 나에게 달려오게 하기 위해서는 처한 환경을 기회로 여기고 이렇게 큰소리로 부르짖는다.

'나는 운이 좋아', '나는 된다', '좋아', '해 보는 거야',
'다 잘 되고 있어.', '대박!', '억수로 운이 좋아!', '운아 놀자'

그런데 유감스럽게도 노력만 가지고는 운이 따르지 않는다. 흔히 운이 없는 사람들은 노력하다 지쳐 포기해버린다. 운은 혼자만의 노력으로 거머쥘 수 있는 것이 아니라, 다른 사람이 건네주기도 한다. 즉 주변의 도움으로 운을 옮기는 사람이 필요하다. 그리고 자신이 선택한 일에 흠뻑 젖어 몰두한다. 나는 '육감(예감)'을 갖고 말한다.

"당신은 참 재수 좋은 사람이다",
"당신은 운이 따르는 사람이다."

놀랍게도 운동경기에서 '승리는 내편이다'라고 확신을 갖고 경기를 한 사람은 거의 이긴다. 반해, 순간 떠오른 생각 '질지도 몰라', '1등은 힘들어!', '2등만 해도 돼!'라고 불길한 예감은 보기 좋게 들어맞아 아쉽게 2등을 하는 경우가 많다.

이제 불길한 예감이 떠오르면 발로 걷어차라. 이유는 예감이 곧 현실로 일어나며 결과를 낳게 된다. 야구에서 홈런을 친 사람들은 이번엔 홈런을 칠 것이라고 절대 예감을 품었던 사람들이었다고 한다.

오늘부터 다음의 말을 입에 달고 다니자.

"나는 운이 좋아!"
"이번엔 홈런을 칠거야!"
"행운은 또 내편이야!"
"홈런~"
"이번에도 1등은 내꺼!"
"오늘도 이길 수 있어!"

좋은 예감 믿기

중국 유가의 창시자 공자(孔子)는 '자신이 하기 싫은 일은 남에게도 베풀지 말라.'고 하였다. 이 말은 '입장을 바꿔 생각하는 도리'를 뜻하는 의미이다. 그러나 현실에서 입장을 바꿔 생각하는 사람은 극소수에 불과하다. 사실 입장을 바꿔 생각하는 것은 좋은 '예감'을 이루는 기본으로 좋은 운이 들어오게 된다.

세상에는 과학이나 상식으로는 도저히 설명할 수 없는 기이한 현상이 많다. 그 대표적인 것이 바로 '예감'이다. 이것을 철학에서는 '직관'이라고 말한다.

자, 내 예감으로 당신을 보니, "운이 따를 사람이다." "운이 좋은 사람이다." "참 재수 좋은 사람이다." 그 믿음대로 예감을 믿어라.

운이 좋은 삶으로 바꾸는 것은 그리 어렵지 않다. 먼저 긍정 마인드와 암시가 필요하다. 이는 뇌에 영향을 주는 능력개발 기법이다. 이 에너지는 어떤 환경에도 영향을 끼친다. 지금 '할 수 없는' 뇌를 '할 수 있는' 뇌로 바꿔버린다. 좋지 않은 일도 좋은 일로 바꾼다.

다음의 말을 하루에 10번씩 쓰고 확신에 찬 목소리로 외치면 보다 상황이 더 좋은 환경으로 바뀐다. 운이 들어와 보다 좋은 환경으로 전환된다. 이를테면,

"우리 회사는 계속하여 성장 할 것이다!"

"올해는 사람도 따르고 돈도 따를 것이다."

항상 긍정의 말버릇은 좋은 사람이 붙는다.

그래서 좋은 운이 따를 수밖에 없는 사람은 긍정 예감대로 행동하는 사람이다. 당연히 '할 수 없다'고 예감한 사람은 운이 없게 된다.

오늘 성공의 예감대로 기분 좋고 가슴이 두근거리는 하루를 누려라.

야구선수에게 있어서 긍정적인 예지능력은 안타를 치게 한다. 그리고 '틀림없이 할 수 있다'는 긍정적 예지능력은 '할 수 없는 일'조차 '할 수 있는 일'로 바꾼다.

세상에는 행운의 법칙이 있는데, 사람들은 이상하게도 손해 볼 것이 하나도 없는데도 부정적 예감을 먼저 갖는다. 그런데 그 예감은 그대로 결과를 낸다. 반면 긍정적인 좋은 예감을 지닌 사람은 '나는 된다', '나는 운이 좋다', '나는 할 수 있다'는 예감을 달고 다닌다. '좋은 예감'을 가진 사람이 항상 잘 풀린다. 절대 예감대로 강력한 현실이 된다.

따라서 당신의 모습을 아래와 같이 예감하고 품으라.

"지금보다 생활수준이 두 배는 향상된다."

"극심한 역경과 고난 속에서도 다시 일어나 도전하게 된다."

<실천 사항> 운이 따르는 글귀 읽고 적기

다음의 글귀를 소리 내어 읽고 숙지하여 필사한다.

♣ 나는 억수로 운이 좋은 사람이다.

_____

♣ 나는 날마다 모든 면에서 점점 더 좋아지고 있다.

_____

♣ 나의 좋은 예감은 항상 적중한다.

_____

♣ 또 행운은 내편이다.

_____

♣ 홈런~

_____

운을 끌어당기는 마법

행복이 우리 손 안에 있을 때 우리는 그것의 존재를
알지 못한다. 행복이 우리의 곁을 떠나갔을 때
비로소 그것의 가치를 알게 된다.

— 러시아의 대문호 '톨스토이'

나는 성공한 사람들의 요인을 오랜 시간 연구했다. 그리고는 찾아낸 것은 운이 옴 붙어 따라다닌다. 사실이 그렇다. 만약 아무리 열심히 해도 좋은 결과가 안 나온다면 그건 운이 들어오는 통로가 막혀 있다는 의미이다. 아니면 뭔가가 운을 쫓아내고 있을 수 있다.

"성공하기 위한 제 1요건으로 무엇이 가장 중요한가?"

이 질문에 보통 사람들은 '의지, 노력, 성실함, 전문성' 같은 단어를 답으로 적는다. 그런 6데 내 생각은 좀 다르다. 성공의 첫 번째 요건은 운을 끌어당기는 긍정적 사고를 갖고 확신에 찬 말을 한다.

그저 성실함은 성공의 조건은 될 수 있지만 필요 조건은 아니다. 즉 운이 따라주지 않으면 결코 성공할 수 없다. 반면 성공하려면 인생의 바닥을 기더라도 언제나 운은 내 편이라는 확신을 갖고 절대 초긍정의 마음을 품고 발산해야 한다.

성공한 사람들의 분명한 특징은 주변에 운 좋은 사람들이 모여

들었다. 그리고 실패한 사람들은 평소에 불평불만, 한탄, 험담, 분노나 짜증을 일삼는 언행을 한다.

　이제 누구든 자신이 운이 억수로 좋은 사람이라는 사실을 믿고 그 운을 소중히 여긴다.

　리우올림픽 펜싱 결승전에서 9대 13으로 지고 있던 상황에 박상영 선수는 '할 수 있다'를 읊조리며 스스로에게 주문을 걸었다. 결국 15대 14로 대역전극을 펼치며 금메달을 목에 걸었다.

　이처럼 긍정의 루틴을 걸고 승리를 바라는 열망을 밖으로 끄집어낸다. 이때 운도 따르게 된다. 다시 말하지만 운을 증폭시키기 위해서는 소리를 내야 하고 적기도 한다.

　이제 당장 매일 좋은 운이 따르게 될 것이다.

운을 부르는 말

"물가는 오르는데 급여나 보너스는 그대로입니다. 시간과 직업에 관계없이 나만의 부업(재테크)을 갖게 해주세요. 하고 있는 분야에서 실적이 좋아 인센티브를 받게 해주세요."

운을 불러들이는 문장

" ~에 가까워지고 있다."
" ~을 향해 따라가고 있다."
" ~에게 좋은 운이 오고 있다."
" ~이 다 잘될 거예요."

돈과 사람을 끌어당기는 비밀 3가지

그래서 하는 일마다 잘 풀리고 건강의 운도 따른다. 이런 사람은 뭘 해도 운이 따른다. 그는(?) 그 요인으로 항상 현금을 따로 챙겨 휴대용 수첩이나 장지갑에 20만원씩 늘 채워서 가지고 다닌다. 이것이 돈과 사람을 끌어당기는 루틴이기 때문이다.

돈과 사람을 몰고 다니는 인맥의 왕 박희영 회장님은 좋은 운을 끌어당기는 데일리 루틴을 실천함으로 더 좋은 운이 하루하루의 삶에 적용되어지고 있다. 그는 돈의 순환 촉진을 알고 있기에 절대 돈을 꼬깃꼬깃 접어서 가지고 다니는 법이 없으시며 장지갑에 지폐 순으로 정리해서 가지고 다닌다. 이것이 돈과 사람을 끌어당기어 부자가 될 수 있었던 첫 번째 요인이었다.

▲ (인맥의 왕 박희영 회장님의 현금 수첩)

운(運)이 따르는 사람은 운조차 좋아할 습관을 가지고 살아가고 있어 돈과 사람이 찾아드는 것이다. 반대로 운이 나쁜 사람은 주변의 운이 나쁜 상황에서 살아간다. 이때 운을 좋게 만들려면 자신이 놓인 환경을 바꾸어 나가면 된다.

운이란 결코 타고나는 것이 아니라 얼마든지 순환하기에 바꿀 수 있는 것이다.

운이 따르는 하루하루의 루틴이 되려면 낭비를 줄이고 수입과 지출의 균형을 맞춘다. 좋은 운의 환경이 만들어진다. 수입에서 얼마의 돈이라도 따로 떼어 끌어당기도록 관리한다. 적은 금액이라도 재테크나 투자, 계좌에 이체하여 일정한 금액을 규칙적으로 관리한다. 저축은 투자운을 습관화한다. 특히 투자하는 돈은 움직이게 만들어 돈의 흐름에 변화를 주므로 돈의 순환을 촉진하는 작용을 한다. 적더라도 창출하는 기운이 강해져야 잘 풀린다.

바르게 돈을 사용하는 사람에게 돈의 기운이 들어온다. 이제 생각과 습관이 변화를 이끌어낼 수 있도록 해야 한다. 꼭 기억하라, 운은 내가 결정하는 것이다.

다음 세 가지는 돈과 사람을 끌어당기는 일상의 루틴이 작용되는 시작이다.

1. 부정적인 감정 버리기

돈과 사람을 끌어당기려면 부정적인 감정은 버리고 대신 긍정적인 감정을 잔뜩 품어야 한다. 어떻게 하냐면, 부정적인 감정을 종이에 적고는 믿을 만한 친구나 지인에게 털어놓는다. 내 마음속에 채워져 있던 부정적인 기운이 빠져나가야 한다.

2. 가계부(자산관리) 쓰기

가계부(자산관리)를 꾸준히 쓰게되면 자신의 돈의 흐름을 파악하여 낭비를 줄일 수 있다. 가계부를 쓰는 것은 절약이나 저금만을 위한 것이 아니라, 미래에 들어올 돈을 잘 쓰기 위함이다. 써야 돌고 돌아 돈이 된다. 돈을 써야 언젠가는 큰돈이 되어 되돌아온다.

그러므로 금전운이 좋은 사람이 되기 위해서는 사용하는 모든 돈을 살아 있는 돈으로 만들어야 한다.

3. 빚

빚은 금전운을 마이너스로 만들 수 있다. 따라서 이득과 손실을 철저히 따져서 플러스로 전환해야 한다. 되도록 빚을 지지 않는 것이 중요하다. 특히 카드빚은 사용하지 않는 것이 좋다. 이자가 높은 돈을 사용하지 않는다. 좋은 운을 위해서는 빚을 지지 않는 첫걸음이 가장 중요하다.

금전운을 만드는 비밀 4가지

1. 운으로 채우는 생활습관

- 목욕이나 사우나, 족욕하기
- 하루 필요한 양의 물 마시기(2ℓ)
- 명상하기
- 여행하기
- 행복한 인간관계 갖기
- 일광욕하기
- 운동하기
- 독서와 쓰기

2. 돈과 사람을 끌어당기는 데일리 루틴

- 먼저 생각을 바꿔야 한다.(생각의 전환)
- '나도 돈과 사람을 얻을 수 있다'는 확신을 갖는다.
- '운은 내가 결정한다'는 태도를 취한다.
- '내 인생은 무척이나 특별하고 가장 운이 좋은 존재야.'라고 외친다.

3. 금전운이 따르는 사람

- 돈을 낭비하지 않는다.
- 돈을 쓰고는 후회하지 않는다.
- 돈이 없다고 하여 걱정하지 않는다.
- 즐거운 일에 돈을 아낌없이 쓴다.
- 돈이 떠나는 말을 사용하지 않는다.

4. 금전운이 따르지 않는 이유들

- 금전운이 제일 싫어하는 곳은 더러운 방, 악취가 나는 곳, 집안에 곰팡이가 피는 곳 등
- 금전운은 음식 재료의 낭비가 심한 사람, 음식 재료를 잔뜩 사놓고는 썩게 만드는 사람
- 금전운은 욕과 부정적 말을 하는 사람을 싫어한다.

4

감, 운, 느낌을 부르는 발산법

"성공하려면 귀는 열고 입은 닫아라"

– 석유 왕 '존 록펠러'

말하는 대로 이루어진다

미국의 32대 대통령 프랭클린 루스벨트(Franklin Delano Roosevelt, 1882~1945)의 한마디

"

우리가 두려워할 것은

우리 자신 안의

두려움밖에는 없다.

"

운을 당기는 마법

세계적인 문학가 괴테를 알면 행운이 따른다.

다음은 괴테의 시 '경고'다. 수시로 읽고 감상해 보고자 한다.

어디까지 방황하며 멀리 갈 셈인가?

보아라, 좋은 것은 여기 가까이 있다.

행복을 찾는 법을 배워라.

행복은 늘 당신의 곁에 있다.

〈경고〉, 괴테

리더십 컨설턴트 제임스 말린채크(James Malinchak)는 "불가능(impossible)이란 단어와 마주할 때, 항상 '나는 가능하다(I'm possible)'라는 말이 눈에 들어와야 한다."라고 말했다.

당찬 자존감은 자신의 가치를 깨닫고 실제로 운을 끌어당긴다. 의외로 우리 주변에 자존감이 낮은 사람이 무척 많다. 자존감이 낮으면 남의 안 좋은 점을 들춰내고 흉을 본다. 또한 다른 사람에 대한 증오심이 생기고 감정의 기복이 심하며 자기를 비하한다. 이는 운이 들어오는 통로를 막게 된다.

인간은 다른 사람보다 더 우월하게 보이고 싶어 하는 욕구가 있다. 그 이유는, 다른 사람과 자신을 비교하고 경쟁하기 때문이다. 결국 자존감이 계속 낮아지면 의욕상실과 좌절 등으로 치닫는다. 하지만 자존감이 높은 사람은 현재의 자신을 사랑하기 때문에 다른 사람을 평가하지 않으며 남을 무시하지도 않는다. 이래 주려고 하고 더 배우려고 노력한다. 불가능을 가능으로 보며 지금 그대로의 나를 사랑한다. 더불어 감, 운, 느낌이 좋아지게 된다.

독일의 문호 요한 볼프강 폰 괴테(Johann Wolfgang Goethe, 1749-1832)의 집에는 언제나 정치가, 문학가, 군인, 실업가 등 그의 문학을 사모하는 사람들이 모여서 대화를 나눴다고 한다. 그런데 가끔 어떤 사람은 그곳에서 남의 흉을 보거나 음담패설을 하는 경우가 있었는데, 그럴 때면 괴테는 정색을 하고 엄하게 꾸짖었다고 한다.

다음은 괴테가 나에게 큰 가르침을 주었던 글귀이다.

"여러분이 종이나 음식 부스러기를 흘리는 것은 괜찮습니다. 그러나 남의 험담을 흘리는 것만은 용서할 수 없습니다. 그런 더러운 말은 주워가십시오. 그리고 다시는 그런 더러운 말을 저희 집에 가져오지 마십시오. 험담을 하는 것은 공기를 더럽히는 것입니다."

우리의 마음과 생각이 긍정적이야 우리의 삶이 가벼워질 수 있다. 그런데 아무리 긍정적인 생각을 한다 해도 실천하지 않으면 아무런 유익함을 주지 못한다. 그러므로 성공하기 위해서 가장 필요한 것은 바로 실천력이다. 그 결과 최고, 전문가, 성공에 한 발짝 더 가까워지게 되고 행운도 불러들이게 된다.

이것이 운을 부르는 마법이다.

운을 부르는 동작법

미국의 제32대 대통령 프랭클린 D. 루스벨트는 대공황과 2차 대전 등 큰 위기 속에서 국민들이 자신감을 되찾도록 도와주었다. 그는 말하기를 "까짓것 해 보자! 원하는 것만으로는 부족하다. 원하는 것을 얻기 위해 무엇을 해야 할지 자신에게 물어야 한다."라고 하였다.

유명한 저술가 맥스 루케이도(Max Lucado)는 말하기를 "여러분 삶 가운데 두 가지 목소리가 있는데, 먼저 부정적인 목소리는 여러분의 생각을 의심과 원망, 그리고 두려움으로 가득 채우지만 긍정적인 목소리는 소망과 힘으로 가득 채웁니다."

그래서 나는 어떤 강의든 시작은 '예스!'를 외친다. 긍정적 '예스!'는 처한 환경을 바꾸고 감, 느낌, 운이 들어오도록 문을 활짝 열어주기 때문이다.

지금 여러분도 함께 긍정의 '예스!'를 외치고 시작해 보라. 분명 활기찬 에너지로 채워지게 될 것이다. 긍정을 먼저 말하면 긍정의 에너지가 발휘된다.

그러므로 항상 먼저 긍정을 외쳐라.

"예스!"

잠깐, '예스!' 외치는 동작법을 배워보자. 먼저 눈높이에서 오른쪽 손을 안쪽으로 꼬아 돌린다. 그리고는 힘을 주고 반동을 주어 '예스!'를 외친다. 그러면 내 안의 잠재된 능력이 꿈틀거리기 시작한다. 그 순간 한계를 무너뜨리는 에너지가 발산된다. 그리고 불안과 초조의 에너지가 사라진다. 이는 감, 느낌, 행운을 부르는 동작이기 때문이다.

예스를 외치는 동작법

나는 사람들을 만나면 불쑥하는 인사가 있다. 이를테면

"Yes!", "할 수 있어!", "행운아!", "된다!"

"대박 인생!", "가능해!", "대단해요!"

"최고!", "좋아!", "행운은 당신 것!" 등

어떠한 한계도 정하지 않은 이러한 긍정 외침은 앞에 놓인 장애물을 부셔버리고 나쁜 기운을 몰아낸다. 대신 '가능(CAN)'을 끌고 온다. 꿈을 앞당겨주며 옭아매던 갖가지 사슬을 끊는다.

이렇듯 긍정 '예스'의 힘은 대단하여 감, 느낌, 행운의 에너지를 발산한다. '예스'가 내뱉어진 환경에는 '노(No)'가 자리할 곳이 없다. 얼마든지 쉽게 '예스'로 노(No)의 환경을 바꿀 수 있는데, 사람들은 시도해보지도 않고 너무나 쉽게 포기해버린다.

이제 문제 앞에서 '예스!'만 외쳐도 상황이 좋아진다. 따라서 '예스!'와 함께 감사, 희망, 치유, 회복, 그리고 승진, 기회의 말을 내뱉는다. 곧 그곳에 '예스!'의 에너지로 채워지게 될 것이다. 그러므로 노(No) 앞에서 쉽게 좌절하거나 포기하지 말고 'Yes!'로 담대하게 선언한다. 분명 역전의 기회가 마련될 것이다. 희망의 반전이 있게 된다.

오늘 내가 여러분에게 해줄 힘찬 에너지는 바로 '예스!'다.

분명 부의 방향을 향해 정진하게 될 것이다. 앞으로 내일을 향한 신념을 한정 짓지 말고 절박한 마음으로 자신이 가진 모든 능력을 발휘하며 살아간다면, 분명 행운은 내일의 여정 가운데 일어날 것이다.

성공을 뚜렷하게 그려내기

중국의 철학자 맹자 <맹자시론 15>에 보면

生於憂患 死於安樂

생어우환 사어안락

"우환에서 살아나고, 안락함에 죽는다."

현대인들은 작은 시련에도 쉽게 좌절하고 포기해버린다. 사람이 살아가다 보면 고난은 있게 마련이다. 옛 성현들은 고난을 단순히 극복해야 하는 대상을 넘어 이로운 것으로까지 생각했다. 그러니까 성장하고 확장하려면 당연히 어려움을 극복해야 한다는 의미이다.

한 연구실에서 청개구리 실험이 있었다.

펄펄 끓는 물이 담긴 솥 안에 청개구리 한 마리를 갑자기 던져 넣었다. 개구리는 위험천만한 생사의 기로에서 온 힘을 다하여 한 번에 뛰어올랐다. 그 힘으로 솥 안에서 솥 바깥으로 뛰어나와 무사할 수 있었다.

이번에는 같은 솥 안에 상온과 같은 온도의 물을 채워 넣고는 청개구리 한 마리를 솥 안에 넣었다. 수온이 적당하기에 개구리는 아무런 감각을 느낄 수 없었다. 이어서 솥 밑에 숯을 넣고 아주 천천히 불의 온도를 높였다. 그러면 솥 안의 개구리는 유유히 그 따뜻함을 즐긴다. 청개구리가 뜨거움을 느끼기 시작했을 때는 이미 고통을 참을 수 없는 지경이다. 벗어나고는 싶으나 힘이 부족하고 이미 전신이 마비되어 솥 안에서 죽게 된다.

요즘 사회적 문화와 환경 변화의 속도가 날이 갈수록 빨라지고 있다. 우리도 그 변화하는 문화와 환경에 민감하게 반응하고 즉시 그것을 느껴 적극적으로 대응한다. 그래야 위험에서 벗어날 수 있다. 감각이 마비되어 옛것에 얽매여 그날그날 되는 대로 살아간다면 도태되고 말 것이다. 그냥 흘러가는 대로 두면 고립되어 결국 멸하게 된다.

러시아의 생리학자 파블로프(1849~1936)는 '파블로프의 개'의 조건반사 실험으로 널리 알려져 있다.[1] 파블로프는 개에게 먹이를 주기 전에 반드시 종을 울렸다. 먹이를 보면 개는 일반적으로 침을 흘린다. 하지만 식사 전에 반드시 종소리를 듣게 한 파블로프의 개는 똑같은 과정이 여러 번 반복되자, 이후로는 먹이가 없이도 종만 울리면 자동적으로 침을 흘렸다.

우리에게 파블로프의 개에게 울렸던 종소리와 같은 긍정적 기대의 종소리(언어, 사고, 태도)를 그대로 삶에 적용하고 있는가? 사실 우리는 긍정의 종소리를 울리지도 듣지도 못하며 살고 있지는 않은가? 감, 운, 느낌을 부르는 에너지를 발산하며 사는가?

내 삶은 절대 긍정적 기대의 편에서 있는가?에 따라서 삶의 결과도 달라지게 된다.

---

1 빈센트 모스코, 《클라우드와 빅데이터의 정치경제학》, 커뮤니케이션북스.

행운이 옴 붙는 호칭

　세계적인 베스트셀러 《성공하는 사람들의 7가지 습관》의 저자 스티븐 코비는 자녀를 집에서 교육시킬 때 결코 가르치지 않았다고 한다. 오히려 자녀들이 아버지를 가르치게 하는 '학교놀이'를 하는 게 더 효과적이었다. 입장을 바꿔 상대방을 주어로 하고 자신은 스스로를 낮추는 것, 즉 '역지사지(易地思之)'이다. 앞으로 상대를 핵심 주어로 바꿔 생각하고 불러준다.

　운(運)은 준비되지 않는 자에게 찾아오는 것이 아니다. 부의 기회 역시 그렇다. 대부분의 성공한 사람들은 연장자를 존중하며 경험의 우수함을 인정했다. 그들은 선배들에게 배우는 것을 꺼리지 않았으며 동료에게도 배움을 청했다. 결국 겸허함은 부드러움을 유지할 수 있게 해준다.

　중국 격언에 보면 "교만하면 손해를 입고, 겸허하면 이득을 본다."라고 말하고 있다. 다음의 물음에 대해 곰곰이 생각해 보고자 한다.

　★당신은 성공하기 위해서 호칭이 중요하다고 믿는가?
　★혹 가족과 부모님의 이름을 정성껏 불러주고 있는가?
　★거래처 사람들을 귀인처럼 대하며 부르는가?
　★처음 만난 사람을 귀하고 소중한 보물 다루듯이 대하고 있는가?

이제 행운이 옴 붙는 호칭으로 부른다.

"100세를 사실 우리 어머니."

"세계적 영화감독이 될 우리 아들."

경영의 신으로 불리는 혼다 그룹의 창업자 혼다 소이치로는 부하직원들이 '사장'이라고 부르는 것을 싫어했다고 한다. 그보다는 구멍가게 같은 친근감을 담아 '오야지!'라고 부르는 것을 더 선호했다고 한다. 그의 명언이다.

"인간은 실패할 권리를 가지고 있다. 그러나 실패에는 반성이라는 의무가 따라온다."

나는 우리 사회 속에 선한 언어혁명이 일어나기를 바라는 마음으로, 어떤 경우든 「'환자, 할아버지, 아줌마, 뚱보, 늙은, 바보, 미련한'」 등과 같은 호칭을 사용하지 말라고 권한다.

또 「'김 부장, 야!, 너!, 이봐, 저기, 여기, 어이'」 등의 반말조의 호칭도 사용해서는 안 된다.

왜냐하면 내가 부르는 그 호칭 한마디가 그대로 실현될 수 있다.

그래서 그 사람의 은퇴 전 직함을 불러드리거나 미래의 직함을 불러준다. 일반적으로 「'회장님, 선생님, 박사님, 대표님, 선배님, 실장님, 여사님, 팀장님'」 등으로 불러준다. 또 상황에 맞게 가장 멋진 호칭으로 불러드린다. 사람은 부르는 호칭대로 에너지가 발산되기 때문이다.

이제 누군가 호칭을 부를 기회가 주어지면, 행운이 옴 붙는 호칭으로 불러준다. 실제 생활 속에서 상대를 최고의 호칭으로 높게 불러준다면 부르는 그 호칭대로 그의 인생이 쑥쑥 잘 풀릴 것이다. 명심하자, 부르고 대하는 호칭대로 인생이 된다는 것을 말이다.

<실천 사례> 성공케 만드는 호칭 활용하기

세일즈 비즈니스에서 최고 최선의 호칭을 사용하면 곧바로 매출이 오르게 된다. 부와 건강을 담은 호칭을 부르면 인맥의 왕이 된다. 이제 누구든 상대의 최고 호칭으로 불러드린다.

'늘 보고 싶은 회장님, 존경하는 선생님, 사랑하는 원우님,
존경하는 부장님, 소중한 교수님, 최고의 아들,
보고 싶은 대표님, 자랑스러운 아들, 사랑하는 어머니,
감사한 형님, 존경하는 여러분' 등

이 호칭을 정성껏 부른다. 누구를 소개하거나 이름을 거론할 때도 마찬가지이다. 부르는 호칭대로 그대로 이루어진다는 것을 명심하자.

'우리나라 최고 인문학 교수 정병태 박사를 소개합니다.'
'제가 가장 닮고 싶은 기업인 CEO 한 병성 회장님을 소개하고자 합니다."

성공운을 부르는 재도전

토머스 에디슨(Thomas Edison, 1847~1931)은 전구를 발명할 때까지 무려 2천 번의 실패를 경험했다. 그러니까 2천 번의 문제 앞에서 좌절하지 않았다는 말이다. 보통 사람 같으면 두세 번만 실패해도 쉽게 포기했겠지만, 에디슨은 단 한 번의 가능성을 얻을 때까지 찾고 또 찾았고 시도하고 다시 재도전했다. 마침내 전구를 개발했고 그 후 이렇게 말했다.

"저는 한 번도 실패한 적이 없습니다. 그동안 2천 개의 잘못된 방법을 찾아냈을 뿐입니다."

첼로의 성자로 불리는 파블로 카잘스(Pablo Casals, 1876~1973)는 스페인에서 태어난 첼로리스트, 지휘자, 작곡가이다. 95세가 된 첼로리스트 파블로 카잘스에게 젊은 기자가 다가와서 질문을 했다.

"선생님은 95세이고 가장 위대한 첼로리스트로 인정받고 있는데, 이제 쉬셔도 되실 텐데, 왜 아직도 하루에 여섯 시간씩이나 연습하십니까?"

그러자 카잘스는 이렇게 대답했다.

"왜냐하면 나의 연주 실력은 아직도 연습을 통해 조금씩 향상되고 있기 때문이죠."

한번은 영국의 부수 장군이 전쟁에 참패해 동굴 속으로 숨었다. 자신의 실패를 치욕으로 받아들인 그는 자살하려 했다. 그때 동굴 입구에 매달린 거미 한 마리가 열심히 거미줄을 치는 모습이 보였다. 거미는 불어오는 바람 때문에 거미줄 치는 일에 번번이 실패하고 있었다. 그러고는 힘든 여건 속에서 일곱 번째에 기어이 성공하고 말았다. 그때 부수 장군은 자리에서 벌떡 일어났다.

"난 겨우 한 번 실패했다!"

실패는 잃는 것도 열등한 것도 아니다. 실패는 또 다른 배움이다. 이번에 시험 성적이 안 좋았다고 해서, 특허나 정책자금이 안 되었다고, 또다시 실패하였다고 하여 성공할 기회가 사라진 것은 결코 아니다. 그러니 용기를 갖고 재도전해 주기 바란다.

지금 안 풀리고 뜻대로 안 된다고 하여, 할수록 꼬인다고 해서, 그 모두가 불필요한 시간이 아니라 그러한 과정을 겪으면서 앞으로 나아가는 순서일 뿐이다. 그러므로 답답하다고 하여, 실망스러운 결과가 나왔다고 해서, 아니면 연속적으로 실패나 실수를 했다고 할지라도, 다시 마음을 다잡고 꿋꿋이 최선을 다해 시도하라. 계속 들이대다 보면 곧 좋은 행운이 찾아와 어쩌면 역전시킬 기회도 올 수 있다. 문제를 이겨내게 되어 방황하던 자가 개과천선해서 돌아온다.

그러니 절대로 쉽게 포기하지 말라. 분명 조금씩 상황이 좋아지게 되어 닫힌 문은 열리게 된다. 불가능이 가능으로 바뀐다. 곧 내 시대로 바뀌어 역전의 기회가 주어지게 된다.

이제 행운이 따를 차례이기 때문이다.

공자 〈논어(論語)〉'옹야편(雍也篇)' 1장에 보면
공자가 자신의 제자 중궁(仲弓)을 극찬하는 장면이 나온다.

知之者는 不如好之者요, 好之者는 不如樂之者니라.
지지자는 불여호지자요, 호지자는 불여락지자니라.

알기만 하는 사람은 좋아하는 사람만 못하고,
좋아하는 사람은 즐기는 사람보다 못하다.

즉 천재는 노력하는 사람을 이길 수 없고, 노력하는 사람은 즐기는 자를 이길 수 없다는 의미이다. 이렇듯 어떤 상황이든 즐기는 자는 얼마든지 세상을 바꿀 수 있고, 처한 삶을 풍요롭게 만들 수 있다.

이제는 힘들다 하여 한계를 정하지 말고 잘 될 앞날을 바라보고 하늘을 보며 달려가는 삶을 살아가자. 다시 시도하고 재도전하는 사람을 당할 수 없기 때문이다.

성공운을 귀환케 하는 말

프랑스 황제 나폴레옹은 "내가 성공한 이유는, 내가 성공하기를 강렬히 바랐기 때문이다"라고 하였다. 사람의 운명에 영향을 끼치는 것은 환경뿐 아니라 자신이 어떤 신념을 가지고 있는가가 더 크게 영향을 끼친다.

'나는 할 수 있다'라는 신념을 가지고 있다면 그에 걸맞은 능력이 생기고 절로 기교와 좋은 예감이 떠오를 것이다.

굳은 신념을 가진 사람은 주변의 조건에 흔들리지 않으며 자신이 세운 목표를 바꾸지 않는다. 이런 신념이 바로 운을 부르는 것이다.

놀라운 비밀 하나를 더 알려드릴까 한다. 부작용이 전혀 없다. 곧바로 써먹기 바란다. 먼저 자신을 향해 이렇게 말해 보라.

"나는 이미 성공하도록 만든 프로그램이 내장되어 있다. 그래서 내일을 걱정할 필요가 없고, 내 안에는 최고의 유전자(DNA)들이 들어 있기에. '나는 반드시 성공할 거야!', '다 잘 된다!', '나는 행복한 존재다!'고 선언한다."

사실 부정적인 말을 하는 데 드는 에너지나 긍정적인 말을 하는 데 드는 에너지나 똑같다. 그렇다면 행운을 부르는 말을 더 사용해야 한다. 행운은 어떤 장소에 고정되어 있거나 한 곳에 묶여있는 것이 아니라, 어디를 가든 따라다닌다는 것을 명심하라. 심지어 최악의 장소까지도, 아슬아슬한 상황까지도, 벼랑 끝에서도 어디를 가든 운이 따라다닌다. 지금도 운이 당신을 따라다니고 있다. 그래서 머나먼 무인도에 상륙해서도, 어디를 가든 운이 따라다닌다.

이 사실을 몰라 운을 쫓아내서는 안 된다.

암기해야 할 가장 기본적인 성공 글귀

"도전하지 않으면 성공은 결코 내 것이 될 수 없다."
"절박함이 없는 기적은 없다."
"제 아무리 독수리라도 날개를 치지 않으면
결코 하늘로 날아갈 수 없다."

돈벼락 맞을 준비하기

자 그럼, 오늘부터 고개를 높이 쳐들고 살자, 어깨를 펴고 당당하게, 마치 돈벼락을 맞은 사람처럼 말이다. 이때 운의 귀환을 맞이하게 된다. 여전히 좋은 운을 끌어당겨 성공할 수 있는 방식을 고민할 필요가 있다. 밑바닥 삶, 실패의 고난에서 그리고 바닥에 기던 사람들이 성공으로 탈출하려면 절대 긍정의 '나는 운이 좋아!'라는 신념을 갖고 발산한다. 곧 운의 귀환으로 작동할 것이다. 반면 '나는 운이 없어!'라는 식의 생각으로는 성공으로 가는 길을 막는 경우가 된다.

돈벼락을 맞을 태도를 취하라.
당신이 어디를 가든 운을 귀환케 하는 말을 외쳐라. 이를테면-

"이곳에 운이 임할 거야!"
"지금이 바로 크게 번영할 때다!"
"오늘 돈벼락을 맞을 주인공이다!"
"내 인생 최고의 날이다!"

운을 귀환케 하는 자기암시

여기 성공운을 귀환케 하는 원리가 있어 소개한다.

우리 주변 상황이 아무리 최악의 상태에 빠졌다 해도 '나는 할 수 있다', '거뜬히 극복할 수 있다', '나는 운이 좋다'고 믿고 표현하는 사람들이 성공하는 경우가 더 많다. 그래서 나는 긍정의 자기암시와 신념을 가질 것을 권한다. 이는 상대방에게 안도감과 의욕을 주며 기운을 불어 넣어주게 된다.

다음은 매일 운을 귀환케 하는 자기암시이다.

"긍정적으로 사고를 하면 성공할 수 있다."
"가능의 종소리를 많이 울리면 위대한 삶을 살게 된다."
"모두 함께 응원할게!"
"괜찮아, 너라면 할 수 있어!"
"마음껏 즐기고 와!"
"최선을 다하자!"
"오늘 이기자!"
"내가 여기서 응원할게!"
"난 억수로 운이 좋은 사람이다."

행운을 부르는 말

상대방의 존재를 인정하고 가치를 알아줄 때, 운이 없는 사람조차 의욕을 불러일으키게 된다. 더불어 긍정적으로 생각하고 말하게 되어 행운이 따라붙는다. 말은 상대방 뇌 속에 이미지를 불러일으킨다. 불러낸 이미지는 무의식을 자극하고 그것이 잠재의식에 반영되어서 잠재 능력을 발휘하게 된다.

힘이 되는 말은 상대의 마음에 기운을 북돋아 주고 행운을 부른다.

"오늘도 예감이 좋은데."

"난 운이 옴 붙은 사람이야."

"나는 늘 운이 좋은 사람이다."

"나의 예감은 적중한다."

"이번 시합에서 반드시 이기고 와!"

"준비를 잘 했으니, 시험에서 합격하고 와!"

"참 열심히 했구나!"

"너의 가능성은 무궁무진해."

"매우 아름다워!"

"부자의 모습이야!"

응원하는 말

말할 기회가 주어지면 다가가 가장 먼저 긍정의 말로 응원해 주어야 한다. 이 말을 들을 때 의욕이 생기고 행운을 부르는 마력이 작용하기 때문이다.

"당신은 훌륭한 사람입니다."
"당신은 운이 좋은 사람입니다."
"당신은 홈런을 치게 될 것입니다."
"당신은 큰 부자이십니다."
"당신은 억수로 운이 좋은 사람입니다."

금전운을 부르는 말버릇

뭘 해도 항상 운이 따르는 사람은 사소한 말버릇이 다르다. 금전운은 그 사람의 말에 영향을 받는다. 즉 말버릇이 돈과 사람, 운을 끌어당긴다.

돈의 속성은 즐거운 마음을 매우 선호한다. 항상 생글생글 웃으며 즐겁게 산다면 자연히 돈은 모여든다. 사람에게도 자연스럽게 모여든다. 그런데 금전운을 떨어뜨리는 주된 요인이 있는데 바로 돈이 떠나는 말버릇 때문이다.

다음은 돈이 떠나는 말버릇의 사례이다.

"난 돈에 관심 없어"

"중요한 건 돈이 아니야"

"돈을 없어도 돼"

"가난이 죄지"

"돈이 없어 힘들어"

"이번 달에도 돈이 없어 죽고 싶어"

"난 부자가 될 수 없어"

"내 생애 부자는 틀렸어" 등

이런 말버릇은 절대 해서는 안 될 말들이다.

오늘부터 절대로 돈을 경시하거나 무시하는 말은 삼가고 금전운을 불러들이는 언어생활을 발휘한다.

2부

운이 찾아드는
위대한 품격

5

운명을 바꾼 한마디

"세상에는 좋은 것도 없고 나쁜 것도 없다.
우리의 생각이 그렇게 만들 뿐이다" [1]

– 윌리엄 셰익스피어

---

1 캔두이즘(Candoism)은 '할 수 있다. 하면 된다. 해 보자'는 마인드를 '캔두이즘'이다.

말하는 대로 이루어진다

15년간 세계 최고의 토크쇼 자리를 지킨
오프라 윈프리의 한마디

"

나를 용서하세요

"

자신만의 길 개척하기

인디언들이 기우제를 지내면 반드시 비가 온다.

그들에게 유독 영험한 무엇이 있어서일까?

그들은 비가 올 때까지 계속해서 기우제를 지내기 때문이다.

인디언들의 금언 중에 이런 말이 있다.

"어떤 말을 만 번 이상 되풀이하면 반드시 미래에 그 일이 이루어진다."

요즘 당신은 어떤 말을 만 번이나 하고 있는가?

미국의 유명한 신화종교학자이자 아프리카 민담 작가 조셉 캠벨(1904~1987)은 "인간으로서 가장 위대한 도전은 자기 자신을 변화시키는 것."이라고 말했다. 흔히 '미쳐야 미친다'라는 말이 있는데, '미치다'라는 말은 '밑을 치다'에서 나왔다고 한다. 밑바닥까지 파고들어야 새로운 도약이 가능하다는 뜻이다. 어느 한 분야에 재미를 갖고 열정적으로 미치면 분명 밑바닥을 치고 위로 올라오게 된다.

성공의 비결을 자신 있게 말할 수 있는 사람은 그리 많지 않다. 성공엔 왕도가 없다. 단 한 가지 길만이 아니라 여러 방법이 있기 때문이다. 따라서 현재에서 자신만의 길을 스스로 개척하며 나아가야 한다. 그런데 그 길을 방해하는 장애물들이 있을 텐데, 신경

쓰지 말고 앞을 향해 그냥 전진하라.

독립운동가 백범 김구(1876~1949) 선생은 눈, 코, 입 어느 것 하나 빠지지 않고 거지 상이었다고 한다. 신분이 관직에 오를 수 없고 관상마저 거지 상이었던 그는, 손에 금을 그어서라도 팔자를 고쳐보려고 했다. 자신의 운명에 치를 떨던 김구는 자살까지 결심한 상황이었다. 그런데 생계를 위해 공부하던 관상책(마의상서)의 한 구절이 상심한 그를 구했다. 그 글귀는 다음과 같다.

'관상불여심상(觀相不如心相)'

즉 '관상이 제아무리 뛰어난들 마음의 상을 쫓아갈 수 없다'는 의미다. 이를 읽고는 마음의 상이 더 우선이라는 것을 깨달은 백범 김구 선생은 자살 대신 독립운동을 시작한다. 이렇듯 관상보다도 마음가짐이 더 중요하다. 천한 관상을 가진 백범 김구 선생은 운명에 굴복하지 않았다.

관상이란 마음먹기에 따라 변하는 것이다. 누구든 얼마든지 관상을 타파할 수 있다.

홀로코스트 생존자이자 오스트리아에서 정신과 의사로 활동했던 유대인 빅토르 프랑클(Viktor Emil Frankl, 1905 - 1997)은 1946년에 출간한 《죽음의 수용소에서》에 보면 더 나은 것을 추구하는 일의 고통을 잘 묘사했다.

그는 아래와 같이 조언했다.

"성공을 목표로 삼지 말라, 성공을 목표로 삼아 더 열심히 추구할수록, 오히려 성공을 빗겨 나갈 확률은 더 높아진다. 왜냐하면 성공은 행복처럼 추구할 수 있는 성질의 것이 아니기 때문이다. 성공은 뒤따라오는 것이며, 그리고 오로지 자신보다 더 큰 목표를 향해 헌신할 때 부차적으로 따라오는 것이다."

그렇다. 우리는 행복이나 성공을 추구하기보다는 다음에 도전할 큰 과제나 불가능해 보이는 목표에 더 집중해야 한다.

부탁한다. 험난하겠지만 지금의 상황을 변명이나 핑계를 대지 말고 자신만의 길을 가라.

당신은 능히 감당할 수 있는 그 원대한 목표를 가졌기에, 위험을 감수하고 전념하는 삶이야말로 당신이 아직 이루지 못한 그 원대한 꿈을 이룰 수 있는 가장 좋은 기회이다.

사람을 살리게 하는 것

　내가 좋아하는 단어가 "사랑"이라는 말인데 자주 사용한다. 주로 '사랑'이란 말은 사랑 '애(愛)'자를 사용한다. 이 '애(愛)'자는 남녀 간 사랑의 의미라기보다는 상대방을 '아끼다', '소중히 하다'라는 의미이다. 이렇듯 사랑은 소중히 여기는 것이다. 겉으로 보기에 단순하지만 사랑의 모든 것을 품고 있는 말이다. 그래서 공자 〈논어〉(12권 10장) '안연편'에,

　　　愛之欲其生 惡之欲其死
　　　애지욕기생 오지욕기사

　　　사랑하면 그가 살기를 바라고,
　　　미워하면 그가 죽기를 바라니

　'애지욕기생(愛之欲其生)' 구절의 뜻은 누군가를 사랑한다는 것은 그 사람이 살게끔 하는 것이다. 여기서 날 '생(生)'하기를 바라는 것이 '사랑'이라는 힘을 담고 있다. 날 '생(生)'은 '존재'의 의미로서, 상대방을 사랑한다는 것은 상대방이 잘 살기를 바라는 마음이다.

　그렇다. 인간은 사랑하기 위해 존재하는 것이다. 생각을 긍정적으로 가지고 '불행', '좌절', '죽음', '자살', '절망', '슬픔', '고독'

등을 생각하지 않는다. 대신 살리는 생각을 가지고 사랑한다.

  러시아의 소설가인 도스토예프스키(1821~1881)의 대표작으로는 〈죄와 벌〉, 〈백치〉, 〈카라마조프의 형제〉가 있다. 그의 유명한 글귀들을 보면

  "희망이 없이 산다는 것은 삶을 포기한 것이나 마찬가지이다."
  "우리에게는 내일이라는 희망이 있기에 살아야 한다."

  또 세계적으로 유명한 러시아 대문호 톨스토이(레프 니콜라예비치 톨스토이, 1828~1910)는 자신의 시를 통해 말하기를,
  "우리는 사랑하기 위해 태어났다."
  톨스토이는 사회 운동가이며 종교인이었다. 영국 작가 버지니아 울프(1882~1941)는 톨스토이를 '가장 위대한 소설가'라고 평가했다. 인도 독립운동 지도자 마하트마 간디(1869 ~1948)는 그를 일컬어 "이 시대가 배출한 가장 위대한 비폭력의 사도"라고 표현했다.

  톨스토이의 시 한 편을 감상해 보고자 한다.

사람은 사랑하기 위해 태어났다

- 톨스토이

악기 연주하는 법을 배우듯
사랑하는 법도 배워야 한다.

다른 사람을 사랑할 때
두려울 것도 더 바랄 것도 없이
우리는 세상의 모든 존재와 하나가 된다.

열매가 자라기 시작하면 꽃잎이 떨어진다.
영혼이 자라기 시작하면
우리의 약한 모습도
그 꽃잎처럼 모두 사라진다.

가장 중요한 일은
나와 인연 맺은 모든 이들을
사랑하는 일이다.
몸이 불편한 이
영혼이 가난한 이
부유하고 삐뚤어진 이

버림받은 이
오만한 이까지도
모두 사랑하라.
진정한 스승은
삶에서 가장 중요한 것은
'사랑'이라고 가르친다.

사랑은 우리 영혼 속에 산다.
타인 또한 자기 자신임을 깨닫는 것,
그것이 바로 사랑이다.

사람은 오직 사랑하기 위해서
이 세상에 태어났기 때문이다.

나는 톨스토이 인문학 수업을 즐긴다.
그의 생애와 작품을 나눈다.
더불어 그의 자기계발 실천과 작품을 전시하고 있다.

도가 튼 사람

영화 〈오즈의 마법사〉에 보면 이런 대사가 나온다.

"있잖아! 도로시, 그 힘은 처음부터 네 안에 있었단다."

인도의 성인 '썬다 싱'(Sadhu Sundarsingh, 1893~1929?)이 한 번은 눈 덮인 히말라야산을 오르내리며 복음을 전하고 있었다. 한 사람이 다가와서는 "몸도 허약한데 어떻게 높은 산을 오르며 복음을 전할 수 있었습니까?" 라는 질문에, 그는 이렇게 대답했다.

"산을 넘기 전에 정신의 키를 산보다 높이면 산을 넘을 수가 있습니다."

톨스토이의 대표작인 〈전쟁과 평화, 1864~1869〉를 다시 읽어보라. 백 년도 넘은 작품이지만 그의 작품은 현재를 살아가는 우리들에게 큰 감동과 가르침을 준다. 〈전쟁과 평화〉에는 580명의 인물이 나온다. 그럼에도 통일성과 섬세한 심리 묘사가 탁월하다.

톨스토이는 늘 자기계발을 위해 노력했다.

그는 실패와 좌절에 도가 튼 사람이었다. 그의 일기에 보면

"좌절은 금물이다. 더 능동적으로 행동할 수 있도록 강제로 나 자신을 밀어붙여야 한다."

톨스토이는 18세 때 일상을 계획하고 자신의 의지를 단련하기

위해 매일의 활동을 기록한 일기를 쓰기 시작했다. 그의 일기에는 우리에게도 유익한 것들이 포함되어 있어 함께 나누고자 한다.

톨스토이의 자기계발

* 5시에 기상한다.
* 한 번에 한 가지씩만 한다.
* 달콤한 음식을 피한다.
* 다른 사람들의 의견에 좌우되지 않는다.
* 나보다 어려운 사람을 돕는다.

다음은 내가 권하는 자기계발의 실천 지침들이다. 어쩌면 가장 중요하게 여기는 가치로서 나의 학습 첫날에 먼저 주문하는 실천 요구사항이다.

* 매일 3인 이상에게 칭찬과 격려를 한다.
* 먼저 인사를 잘 한다.
* 매일 감사 일기를 적는다.
 * 매일 독서를 한다.
* 절대 긍정의 생각으로 미소 짓고 행동한다.

이렇듯 톨스토이의 자기계발을 위한 주제는 그의 소설에도 많이 등장한다. 특히 책 제목 〈소년이여, 야망을 가져라(Boys, be ambitious)〉는 최고의 명언이 아닌가 싶다. "청년이여, 큰 뜻을 품어라!" 참으로 멋진 외침이다. 이 소설의 마지막 장 마지막 부분에 나오는 말 한마디가 참으로 멋지다.

"인생의 모든 배움과 경험은 때가 있는 법, 기회를 놓치지 않고 열심히 살아간다면 반드시 좋은 결과를 기대할 수가 있을 터이다."

한 낚시꾼이 강둑에 앉아 낚시를 즐기고 있었다. 그런데 근처에 앉은 다른 낚시꾼을 보니 큰 물고기를 잡을 때마다 강으로 돌려보내고 작은 물고기만 통에 담는 게 아닌가. 그 모습을 보고 있자니 궁금해서 견딜 수가 없었다.

결국 그 낚시꾼에게 다가가 물었다.

"아까부터 쭉 봤는데 도저히 이해할 수가 없네요. 왜 큰 물고기는 돌려보내고 작은 물고기만 통에 담는 겁니까?"

낚시꾼이 대답하기를…,

"…별다른 이유가 없어요. 그냥 제가 가진 프라이팬이 워낙 작아서요."

안타깝지만 이 낚시꾼과 같이 그릇이 작은 사람이 너무도 많다. 큰 그릇을 준비하지 않고 작은 프라이팬과 같은 태도로 살아가는 사람들 말이다.

오늘부터,

당장 큰 뜻을 품고,

큰 그릇을 준비하자!

적극적인 사고방식

영국의 심리학자 J. 하드필드 박사는 자신감에 대한 연구에서, 자기 자신에게 "넌 틀렸어." "이젠 끝났어."라고 말하며 좌절할 때 자기 능력의 30%도 발휘할 수 없다고 한다. 그러나 반대로 "넌 할 수 있어." "넌 특별한 사람이야."라며 자신감을 가질 때는 실제 능력의 150%까지도 발휘할 수 있다고 한다.

즉 적극적인 사고방식은 환경을 극복하고 기적을 만든다.

그러니까 기적은 '나도 할 수 있다'는 자신감을 가질 때 준비된다.

절망에 빠진 한 젊은이가 '적극적인 사고방식'의 저자로 유명해진 노먼 빈센트 필(1898~1993) 박사를 찾아갔다.

"박사님, 어떻게 하면 세일즈를 잘해서 성공할 수 있을까요?"

노먼 빈센트 필 박사는 조그만 카드를 꺼내어 젊은이에게 주었다. 그 카드에는 이런 글이 쓰여 있었다고 한다.

"나는 훌륭한 세일즈맨이다.

나는 모든 준비가 되어 있는 프로다.

내가 만나는 사람을 반드시 나의 고객으로 만든다."

그는 젊은이에게 카드를 갖고 다니면서 계속 반복해서 읽고 숙지하여 실천하라고 권했다. 젊은이는 필 박사의 말대로 그 카드에 적힌 글을 반복해서 암송했다. 그리고는 적극적으로 실천했다. 이렇게 반복해서 읽는 동안 젊은이에게 놀라운 일이 일어났다. 밑바닥이었던 그의 실적은 상승 곡선을 그리기 시작했고, 석 달 뒤 젊은이는 회사에서 우수 사원으로 선정되었다.

결국 자신이 되새겼던 긍정적인 말이 스스로를 유능한 세일즈맨으로 변화시켰던 것이다.

다음은 어쩌면 노먼 빈센트 필 박사가 우리에게 전하는 말일 수 있다.

"어떤 사람은 열정을 30분 동안만 갖고, 또 어떤 사람은 30일 동안만 갖는다. 그런데 인생에 성공하는 사람은 30년 동안 열정을 갖는다."

이렇듯 긍정적 태도와 변화의 트렌드를 수용하는 리더십이 앞으로 가장 중요한 자산이다. 그래서 천재란 좋은 머리만이 아니라 실천력을 갖고 있는 사람이다. 따라서 매일 지속적으로 자기계발을 통해 현재의 자신을 뛰어넘어야 한다. 그렇지 않으면 누군가가 당신을 뛰어넘고 만다.

새 프로그램을 다시 깔라

감사하는 태도를 실천하기 위해서는 절대 긍정적인 마음을 가지지 않고는 불가능하다. 세계적인 사회학자인 커밍 워크(Cumming Walk)는 성공의 요인을 네 가지로 말했다.

첫째는 머리가 좋아야 하고, 둘째는 지식이 있어야 한다. 셋째는 기술이 있어야 하고, 넷째는 태도가 중요하다. 그런데 이 네 가지 요인 중에서 성공케하는 93% 이상의 결정적인 영향을 주는 것이 바로 '긍정적인 태도'였다.

독자에게 바라기는, 먼저 사고의 틀을 깨고 절대 긍정적인 생각으로, 찬란한 꿈으로, 지속적 습관으로, 이미 내 안에 설치된 '안 된다, 할 수 없다'는 프로그램을 제거하고, 대신에 '할 수 있다, 하면 된다, 해 보자'는 긍정의 프로그램을 깐다. 결국은 인생이 확 달라지는 변화가 일어나기를 기대한다. 어쩌면 행운이 늘 따라붙게 될 것이다.

이제 긍정의 새로운 습관을 길러야 한다. 오랫동안 부정적인 생각에 빠져 살았다면,

"할 수 없어." 를 → **"할 수 있어."** 로 바꿔

새 프로그램을 깔아야 한다.

"이루어질 수 없어." 를 → **"반드시 이루어질 거야."** 로

새로 설치한다.

"나을 수 없어." 를 → **"회복할 수 있어."** 로

믿음의 프로그램을 새로 깔라.

분명 새로운 태도 프로그램 설치 후에는 하는 일들이 모두 잘 풀릴 것이다.

모든 태도에는 잘될 씨앗이 숨어 있다. 그래서 말 한마디라도 예쁘게 말한다. 부정적인 말들은 희망의 불씨를 꺼뜨리게 된다. 그렇다면 긍정의 말씨로 다시 새로운 프로그램을 깔아라. 분명 내일의 삶이 보다 나은 새로운 판이 열리게 될 것이다.

이제 우리의 마음가짐을 초(超)긍정으로 바꿔야 한다.

'살 수 없다', '벌 수 없다', '할 수 없다'

'살 수 있다', '벌 수 있다', '할 수 있다'

바꾸지 않으면 새로운 부의 기회를 놓칠 수밖에 없다. 현실에 안주하게 된다. 그러니 절대 안 된다고 체념하지 마라. 대신 긍정을 단언하라. 때론 큰소리로 초긍정을 외친다. 할 수 있음을 굳게 믿고 단언한다. 매일매일 이런 태도로 시작해 보자. 잘되어지는 새로운 판이 열리게 될 것이다.

내 편으로 만드는 초(超)긍정 언어들

세상에는 두 부류의 사람이 있다고 한다.

'할 수 있다'는 긍정적인 사람과 '할 수 없다'는 부정적인 사람이다. 그렇다면 당신은 어떤 부류에 해당되는 사람인가?

흔히 '핑계 없는 무덤 없다'는 속담이 있듯이, 핑계가 우리의 발목을 붙잡고 늘어지는 경우가 많다. 이쯤에서 다시 스스로가 확고한 초긍정의 신념을 심어놓는다. 초(超)긍정은 행운마저 내 편이라는 태도로 만들어 주도적인 삶을 살도록 이끌어준다.

어쩌면 지금 나에게 필요한 것은 부정을 긍정으로 뒤집는 초(超)긍정이 필요하다. 초(超)성공 애퍼메이션(Affirmation, 긍정)이 앞날의 환경을 바꾸고 행운이 옴 붙는 기회를 만들어주기 때문이다.

초(超)긍정 단언으로 행운을 부르는 언어들	행운을 막는 부정적인 말들
"오늘도 행운은 내 편이다"	"할 수 없어"
"나는 할 수 있다"	"이루어질 수 없어"
"많은 돈을 벌 수 있다"	"경기가 너무 안 좋아"
"좋은 집을 갖게 될 것이다"	"힘이 없어"
"나는 유명한 인물이 된다"	"외모가 엉망이야"

초(超)긍정 단언으로 행운을 부르는 언어들	행운을 막는 부정적인 말들
"나는 오늘도 이긴다"	"키가 너무 커"
"나의 꿈은 반드시 이루어진다"	"키가 너무 작아"
	"나이가 너무 어려"
"나는 최고의 사업가이다"	"나이가 너무 많아"
"나는 이미 대박 인생이다"	"나는 재능이 없어"
"행운은 늘 내 편이다"	"안 된다"
"내겐 비법이 있다"	"난 바보다"
"좋아요"	"못 한다"
"괜찮아요"	"너무 크다"
"그렇구나"	"난 재주가 없다"
"걱정하지 마"	"살 수 없다"
	"힘들다"

한 단어의 차이

어느 교수가 학생들을 무작위로 나누어, 한 집단에게는 "침착하자!"를, 다른 집단은 "신난다!"를 소리 내어 말하게 했다. 그런데 '침착'과 '신난다'라는 한 단어의 차이만으로도 그들의 에너지가 상당히 달라졌다. 자신의 감정을 '신난다'고 정의한 학생들은 자신이 '침착하다'고 다독인 학생들보다 설득력은 17%, 자신감은 15% 높다는 평가를 받았다. 또 다른 실험에서는 어려운 수학 시험을 보기 전에 불안해한 학생들은 "침착하자!"라는 말보다 "신난다!"라는 말을 들었을 때 점수가 22% 더 높게 나왔다.

그렇다. 긍정의 "신난다"는 말을 입에 달고서는 수시로 나발 불어야 한다.

"침착하자" 보다 → "신난다"

"결핍된" 보다 → "충분한"

"어렵다" 보다 → "쉽다"

어쩌면 긴장하여 침착해지려고 애쓰기보다 신나게 흥분하는 것이 두려움을 극복하는 데 더 효과적인 이유일 수 있다.

두려울 때는 심장이 두근거리고 피의 흐름이 빨라진다. 그런 상태에서 침착해지려고 애쓰는 행동은 시속 80마일로 달리는 자동차를 갑자기 브레이크를 밟아 급정거시키려는 행동이나 마찬가지다. 달리던 자동차는 아직 움직이려는 관성이 남아있다. 따라서 강렬한 감정을 억누르려고 애쓰기보다는 그 감정을 다른 감정으로 전환시키기가 더 쉽다. 종류는 다르지만 강도는 비슷한 다른 감정으로 바꿔서 계속 가속기를 밟게 만드는 것이다.

이제 갑자기 멈추기보다는 삶을 보다 신나고 유연하게 앞으로 나아가야 할 이유에 집중함으로써 동력 장치를 밟는 용기를 내야 한다. 두려움을 받아들임으로써 동력 장치를 더 힘껏 밟아야 한다. 멈춤 장치를 누르는 대신에 말이다.

세계에서 유명한 오페라의 제왕이자 성악가 플라시도 도밍고(스페인, 1941~)는 68세의 나이에도 충만한 도전정신으로 많은 사람들에게 감동을 주었다. 그는 휴가 중에도 악보를 펴놓고 공부를 생활화했다. 도밍고의 좌우명은 압권이다.

"쉬면 녹슨다(If I rest, I rust)"

그는 최고의 자리에 있으면서도 최고를 지향하는 자세를 취했다.

지금 나는 글을 쓰면서 늘 호소했던 글귀들을 다시 한번 떠올리며 되새긴다. 크게 성공한 사람들은 일하는 것이 '취미', '놀이'라고 말한다. 즉 삶과 일을 분리하지 않고 융합시켜 재미있게 놀이하듯 즐긴다.

작가이자 강연자이고 경영자인 토마스 J. 스탠리(Thomas J.

Stanley)가 쓴 〈백만장자 마인드〉에 보면, 미국의 백만장자 중 86%는 성공을 이렇게 말했다.

"나의 성공은 내 일과 직업을 사랑한 결과이다."

그래서 진짜 성공한 사람들은 일을 놀이처럼 즐긴다.

현대 경영학의 아버지로도 불리는 피터 드러커(1909~2005)도 멋진 말을 남겼다.

"성공하기를 바란다면 가슴속에 불타는 열망을 가지고 있어야 한다. 일을 단순히 직업이나 월급을 받는 수단이라고 생각한다면 시작부터가 틀린 것이다. 어떤 일을 잘하기 위해서는 하루에 8시간뿐 아니라, 자신이 가진 모든 것을 던질 수 있어야 한다."

〈실천 학습〉 나를 바꾼 한마디

아래에 나를 바꾼 한마디를 적고 날마다 외치고 필사한다.
그리고 시간이 지난 후 변화된 삶과 자신만의 각오를 적고
주변의 사람들과 나눈다.

6

운이 찾아드는 위대한 언품

긍정적인 태도를 가진 사람은 노화 속도가 더디고,
그렇지 않은 사람보다 신체적으로 더 나은 건강을 유지한다.

- 연구 결과

말하는 대로 이루어진다

오마하의 현인, 가치투자의 귀재
워런 버핏의 한마디
(10세 때 한 말)

"

나는 서른 살에
백만장자가 될 것이다.

"

성공을 이끈 제1법칙

내가 오래전부터 주목한 바로는
성취하는 사람들은 물러앉아 일이 자신에게 일어나기만을 기다
리지 않았다. 그들은 밖으로 나가 일을 일으켰다.

– 레오나르도 다빈치

뜨거운 열정과 위대한 비전에는 그것이 접촉하는 거의 모든 사
람들을 감염시키는 힘이 있다. 반면 부정적인 사람들의 공통점은
뭘까? 놀랍게도 그들은 실패의 원인을 환경이나 여건, 팔자 탓으
로 돌린다. 즉 어쩔 수 없는 상황이었다고 말한다. 하지만 절망을
희망으로 바꾼 사람들, 불가능을 가능으로 전환한 사람들이 알려
준 성공을 이끈 제1법칙은 행운이 찾아드는 절대 긍정이었다.

반면 실패하는 사람들은 틈만 나면 '돈이 없어', '안 된다', '할
수 없다', '난 못해', '지금 상태로 부족해'와 같은 부정적인 생각
이었다. 더구나 옛것의 편견과 고정관념에 사로잡혀 허우적대려
고 하는 나쁜 습성을 갖고 있다. 일체의 변화를 가지려고 하지 않
는다. 이는 행운을 막는 나쁜 태도이다.

지금 결심하여 나쁜 에너지를 바꾸지 않고 변하지 않으면 더 나
은 발전도 할 수 없지만, 운 좋게 찾아온 새로운 기회조차 놓칠 수
밖에 없다.

20세에 마이크로소프트사 사장, 30살에 백만장자, 37살에 세계 최고의 거부이자 성공의 신화를 이룬 빌 게이츠에게, 어느 날 기자가 물었다.

"세계 제1의 갑부, 그 비결은 무엇입니까?"

그의 답은 간단하고 명료했다.

"나는 날마다 내 자신에게 2가지 최면을 겁니다.

하나는 '오늘은 웬지 큰 행운이 나에게 있을 것이다'.

그리고 또 하나는 '나는 뭐든지 할 수 있어!'라고 주문합니다."

행운의 여신 티케(Tyche:포르투나)조차도 자신만만한 사람에게는 도전권을 주어 성공의 싹이 보이는 사람에게는 기회를 거머쥐도록 해준다. 따라서 어떤 상황일지라도 '행운이 오고 있는 게 틀림없어!', '부의 운이 모여든다', '행운은 내편이다'라고 믿는 사람은, 부의 기회를 얻게 된다. 행운을 믿고 끊임없이 도전할 때, 더 몰두하여 노력할 때, 뜻하지 않은 행운이 찾아든다. 스스로 긍정의 에너지를 발휘하여 상황을 변화시킨다. 그리고는 어떻게 구체적으로 행동할지를 짜서 실천한다. 행운도 작은 성취로부터 시작된다.

이것이 바로 행운을 부르는 일상의 비밀이다.

돈과 성공은 어느 날 갑자기 눈앞에 뚝 떨어지는 것이 아니라, 일상의 긍정 에너지를 사용해 사소한 것들이 모이고 쌓여서 큰 것을 이루고 결국 운명을 바꾸게 된다.

절대 잊지 말라, 부와 성공은 작은 실천일지라도 그 행동들이 쌓은 결과라는 것을. 그래서 사소한 습관들이 모여 성공을 만드는 가장 큰 원동력이 된다. 이때 행운이 옴 붙는다.

말콤 글래드웰은 그의 책 〈아웃라이어〉에서 하루에 3시간씩 10년 동안 1만 시간을 연습해야만 성공할 수 있다고 말했다. 〈아웃라이어(Outlier)〉는 원래 통계 용어지만 저자는 보통 사람들의 범주를 벗어나 성공을 이룬 사람들을 지칭하는 단어이다. 〈아웃라이어〉가 가진 '기회'와 '유산'을 다룬 내용이었다. 이 책을 읽고 나면 내가 〈아웃라이어〉가 되기 위해 극복할 수 있는 부분과 극복할 수 없는 부분이 명확히 갈린다. 극복할 수 있는 부분은 노력이고, 극복할 수 없는 부분은 사회로부터 얻은 가치관, 집안이 제공하는 생활습관, 타이밍 등이다.

이처럼 행운이 따르는 사람들은 꼭 미리 정해져 있는 것은 아니다. 얼마나 지속적으로 긍정 에너지를 사용해 운에 관심을 갖고 노력하여 이루려고 하느냐에 따라 운명은 얼마든지 바뀐다.

당신의 운명도 바뀔 수 있다.

절대로 하지 말아야 할 3가지 말

컴퓨터 용어에 보면 'GIGO'(기고 garbage-in garbage-out)는 "쓰레기가 들어가면 쓰레기가 나온다"는 뜻이다. 즉 '부정적인 것이 입력되면 출력되는 것도 부정적인 것'뿐 이라는 의미이다. 실로 불완전한 데이터(오류)를 입력하면 불완전한 답이 나올 수밖에 없다.

우리는 흔히 '마음껏 활짝 웃어라', '웃음에는 만복을 부르는 힘이 있다'고 말한다. 일찍이 연구결과에 따르면 15초 동안 웃는 것은 5분 동안 에어로빅 운동을 하는 것과 같은 효과가 있다고 한다. 박수치며 마음껏 웃으면 몸에 엔도르핀 호르몬이 나와 생명을 연장시키고 장수하게 된다. 또 쾌활하게 웃을 때, 몸속의 650개 근육 중에서 231개가 움직인다.
따라서 항상 웃을 수 있다면 그것이 바로 행복을 만들고 좋은 운을 부르는 힘이다.

그는 내가 존경하는 세계적인 부흥사 빌리 그레이엄 목사님이 말하기를, 원대한 꿈을 가진 사람들은 다음 3가지 말은 절대로 하지 않는다고 한다.

1)"할 수 없다!" 2)"잃었다!" 3)"한계가 있다!"

대신 그들은 다음과 같은 긍정의 말버릇을 가지고 생활화한다.

1)"할 수 있다!" 2)"찾았다!" 3)"하면 된다!"

놀랍게도 말이 발산한 그대로 결과를 만든다. 그래서 지금의 결과는 발산 에너지 그대로의 결과물이다. 이제부터는 가능의 말만 발산한다. 이를테면,

---

"할 수 없어"가 ⟶ "할 수 있어"로,
"안 돼!"가 ⟶ "돼!"로,
"틀렸어"가 ⟶ "틀림없어"로,
"돈 없어"가 ⟶ "돈 있어"로,

현재 우리의 상황이 보이는 대로가 아니라, 앞으로 바뀔 더 풍성해질 상황으로 끌어당겨 그대로 출력해 버린다. '된다', '할 수 있다', '가능하다', '해 보자'가 입력되면 그대로 출력한다. 즉 가능으로 출력시켜 결과를 만들어 내는 원리이다.

영국의 심리학자 하드필드 박사는 《힘의 심리》라는 책에서 '난 할 수 있어', '난 뭐든지 해낼 거야!'라는 자신감을 가진 사람은 자기 능력의 500%를 발휘하지만, '난 할 수 없어', '난 별볼일 없는 불량품이야!'라며, 자신감 없는 사람은 자기 능력의 30%도 발휘할 수 없다고 말했다. 따라서 '실패할 수 있다'는 염려는 실패의

결과를 만들어 내며, '할 수 있다'는 자신감은 성공의 결과를 만들어 내는 것이다.

이제 실제의 언어생활에 'GIGO'의 원리를 적용해 보자.

'부자', '돈', '운', '풍요', '긍정', '가능' 등 에너지를 발산하면 그대로 결과를 만들어 낸다.

〈실전 과제〉 'GIGO'의 원리 적용하기 ⟶ 결과 적기

입력		출력
감사, 행운, 가능, 부자, 풍요, 행복, 기쁨, 돈, 운, 긍정, 된다, 할 수 있다, 가능하다, 해 보자, 대박, 찾았다, 대단하다	⟶	삶에 적용하기 ▶▶▶

운을 끌어당기는 말버릇

무엇을 먼저 바꿔야 삶이 달라질까?

우선 말버릇을 바꾸면 관계적 삶이 바뀐다.

다 알고 있는 우리 속담에 보면 '말 한마디로 천 냥 빚을 갚는다'는 말이 있지 않은가?

사람은 보통 하루에 5만 마디의 말을 사용한다. 그런데 정성스럽고 따스한 긍정의 말은 고작 하루에 몇 마디 정도 사용한다.

반면 운을 차단하는 요인으로는 불필요한 말, 부정적인 생각, 금독(나쁜 기), 비난조의 언어를 더 많이 사용하기 때문이다. 사실 말에는 파동이 있어 내가 사용한 말은 먼저 자신에게 영향을 주고 나서 주위 사람과 환경에 영향을 준다. 그래서 한마디를 하더라도 살리는 말버릇을 해야 한다. 바르고 좋은 말버릇은 삶을 변화시키고 부와 사람을 끌어당기기 때문이다.

앞 내용을 다시 강조해보면, 절대 긍정의 언어 습관은 환경을 바꾸고 성공케 하며 어려움을 극복하고 문제를 쉽게 풀리게 하는 마력을 가지고 있다. 일상에서 습관적으로 자주 쓰는 말이 그대로 삶을 만든다. 바로 '참고미사'를 생활 속에서 적절히 사용한다. 온 정성을 담아 '참'으로_ '고'마워요, '미'안해요, '사'랑해요.를 전한다.

다음 몇 가지 사례를 들어보겠다.

"돈아 늘 내 곁에 있어줘 정말 고맙다."
"행운이 나에게 모여든다."
"선배님, 부자 되세요."
"사랑합니다. 당신을 많이."
"참 고맙습니다. 맛있는 식사."

옭아매지 않도록 사슬 끊기

이렇듯 내 삶이 보다 더 성공적으로 질주하려면 삶을 옭아매는 꼬이고 실패케 하는 사슬을 끊어야 한다. 이를테면,

---

"~가 싫어, ~해서 죽겠다, 우울해~,
~안 될 거야, ~걱정 돼,
~실패다, ~짜증나, ~팔자다..." 등등

매사에 원망, 불평, 험담하는 말을 쓰지 않도록 주의한다. 매일 나도 모르는 사이 언어 습관이 자신을 옭아매지 않도록 살리는 말을 쓴다. 그래서 할 수만 있다면 가능, 감사, 희망, 꿈, 기쁨, 사랑, 행복, 열정, 격려 등 긍정의 말버릇을 사용하는 것이 좋다.

부와 운을 부르는 말을 달고 산다. 이를테면

'행복하다, 잘 된다, 좋다, 신난다, 즐겁다, 달콤하다', '미안해요',
'고마워요', '사랑해요', '할 수 있다', '장수하세요', '대박이다',
'부자 되세요', '승리', '최고다', '예쁘다', '1등이다' 등등

___

긍정의 말은 무엇이든 할 수 있는 삶으로 가득 차게 만든다.

긍정적인 사람은 늘 긍정의 말씨를 사용한다. 씨앗에는 생명이
있듯이 말에도 부메랑의 법칙이 있어 긍정의 말씨는 플러스(+) 파
동이 생성된다.

잠깐, 여전히 가난하다면, 행운이 따르지 않는다면, 혹시 자신
의 말버릇 때문에 꼬이고 실패하는 것일 수 있다. 지금부터라도
나의 말버릇을 절대 긍정의 말버릇으로 고쳐야 한다. 왜냐면 말하
는 어투나 태도, 사용하는 어휘, 목소리 톤에 따라, 부와 운의 여
부가 결정되며 삶에 그대로 영향을 준다.

이제 우리를 절망에 빠뜨리고 있는 수많은 부정적 어휘들은 쓰
지 말고, 긍정적 'Yes'를 끌어당겨 사용한다. 그리고 미리 끌어다
이루어 질 것을 감사하도록 한다. '넌 할 수가 없어'가 아니라 '넌
재능이 많아', '넌 똑똑해', '넌 탁월해' 등등 강한 믿음의 말을 사
용한다.

결국 긍정과 믿음의 발산된 말은 사정되는 법이 없고 반드시 이
루어진다. 행운은 언제나 믿음의 태도를 품은 자에서 시작하여 일
어난다.

우리 합의하자, 매일 하루의 시작은 긍정의 언어구사를 실천하기로 말이다. 가정과 직장 그리고 관계하는 곳에서 주도적으로 진심을 담아 좋은 부와 운을 끌어당기는 말을 사용한다.

부와 운이 따르는 원리를 간략하게 서술하기

부와 운은 자아 신념과 긍정적인 마음의 힘이 좌우한다. 자신의 미래에 대한 긍정적인 생각과 신념이 행동을 유도하고, 결과적으로 성공과 부를 가져올 수 있다. 또한 학습과 지식의 쌓임에 의해 강화될 수 있다. 새로운 기술과 정보에 대한 이해력과 습득은 성공적인 경제 활동과 부의 증대에 도움을 줄 수 있다.

부와 운의 신념 필사하기

'할 수 없다'씨 버리기

세계 최고의 부자 빌 게이츠는 똑똑한 기업가였지만 일상의 작은 '말투', '가능', '긍정'조차도 진지하게 믿고 따르는 사람이었다.

이렇듯 매사 주어지는 하루하루를 긍정적으로 맞이하는 습관은 기존의 고정관념을 깨고 새로운 부의 영역이 생기게 되며 곧 새로운 부의 움직임이 보이게 된다.

누구든 부정적으로 생각하고 '나는 할 수 없다'식으로 사고하면 실제로 부정적인 결과를 초래한다. 그런데 우리 주변에는 '할 수 있다'식 사고 보다는 '할 수 없다'식 사고가 더 많다. 그래서인지 TV나 신문의 톱뉴스를 보면 긍정적인 뉴스 보다는 부정적인 뉴스가 확실히 더 많다. 사람들이 부정적인 것에 끌리는 이유는 부정적인 것을 더 많이 보고 듣고 생각했기 때문인지도 모른다.

그럼 어떻게 하면 좋을까? 우선 매사 보고 듣고 접촉하는 것에 있어 긍정의 태도로 바꾸어야 한다. 특히 '할 수 없다'는 신념을 우리 근처에 얼씬거리지 못하도록 저 멀리 던져 버린다. 대신 좋은 결과를 기대하는 태도로 대체해야 한다.

<실전 타파> 종이에 쓰고 버리고 땅에 묻기

나의 사명일 수도 있지만 '이번 생은 실패야' '이 프로젝트는 할 수 없다'는 식으로 생각하는 사람들에게, '행운은 언제나 내 편이야' '그거 능히 할 수 있다'는 식의 사고 전환으로 창의적이고 긍정적인 사람으로 세워드리는 것이다.

그럼 먼저 깨끗한 종이를 꺼내고 종이 맨 위에 할 수 없는 것들을 차분히 줄줄이 아래에 쓴다. 그런 다음 다 적은 종이를 반으로 접어서 상자나 봉투에 넣는다. 또는 구겨진 종이를 움켜쥐고는 휴지통으로 던져 버린다. 아니면 일어나(앞에 나와) 엄숙한 표정으로 단호하게 밟아 버린다.

"여러분, 나는 오늘 이 시간 매우 심각한 일로 이 자리에 섰습니다.
오늘은 '할 수 없다'씨의 장례식이 있는 날입니다.
지금 내가 갖고 있는 '할 수 없다'씨(종이에 적은 리스트)를 땅속에 묻습니다.
여기가 오늘 '할 수 없다'씨를 위해 영원한 휴식처를 마련하였습니다. 이 '할 수 없는 것들'을 휴지통에 집어넣습니다.
이제 비록 '할 수 없다'씨는 사라졌지만, 대신 '할 수 있다'씨가 나와 함께 영원히 동행할 것입니다."

부정의 이름:

'할 수 없다'씨 여기 평화롭게 잠들다.

결단자 이름 :

20   년   월   일

위대한 CAN 마인드

사실 모든 부와 성공은 긍정의 태도에서 시작된다.

노벨문학상을 받은 영국의 극작가 조지 버나드 쇼(George Bernard Shaw)에게 한 기자가 물었다.

"긍정적인 인간과 부정적인 인간의 차이점을 말해주십시오."

조지 버나드 쇼는 식탁에 놓인 위스키 병을 가리켰다.

그리고는,

"보십시오. 간단합니다. 이 병에 술이 절반 있습니다.

부정적인 사람은 '허 참, 술이 절반밖에 안 남았군!'

하지만 긍정적인 사람은 '됐어, 술이 아직 절반이나 남았네!'라고 합니다."

조지 버나드 쇼(Bernard Shaw 1856-1950)는 아일랜드의 극작가이자 비평가이자 논쟁가였다. 그의 작품은 오늘날까지 서양 연극, 문화 및 정치에까지 영향을 미쳤다. 그는 60편 이상의 희곡을 썼으며 당대의 최고의 극작가가 되었다. 1925년에 노벨문학상을 수상했다.

이쯤에서 그의 글귀를 큰 소리로 읽어보겠다.

"진보는 불편함의 연속이다. 그러나 후퇴는 죽음의 시작이다."

진보적인 변화는 흔히 어려운 과정과 노력이 따르지만, 그런 노력 없이는 개선이 이루어질 수 없다는 주장을 담고 있다.

우리 삶에는 다양한 어려움이 앞에 놓여있다. 그 문제들을 향해 절대 긍정주의자가 되기를 바란다. 위대한 CAN 마인드, 즉 "난, 할 수 있다"는 긍정의 힘은 자신의 잠재된 능력과 가능성을 발휘하게 해주는 최고의 원동력이다. 능히 문제를 극복하는 힘으로 작용한다.

우리가 성공적으로 성과를 내려면 무엇보다도 각자 지닌 태도가 더 중요하다. 태도가 긍정적이면 삶을 보다 행복과 성공으로 이끌어준다. 그것이 비즈니스라 할지라도 성과를 이루도록 한다.

일찍이 그리스 철학자 아리스토텔레스는 다음과 같이 말했다.

"이상적인 인간은 삶의 불행 속에서도 위엄과 품위를 잃지 않고 견뎌내, 긍정적 태도로 그 상황을 최대한 이용한다."

나는 오래전부터 '위대한 CAN 마인드'를 부와 성공의 원동력으로 주장했다. 이는 현재 일어나는 것을 보고 말하는 것이 아니라, 아직 일어나지도 않은 미래에 대한 확고한 신념을 갖고 행동하며 말해야 한다. 이를테면

'더 좋아지고 있다', '나는 할 수 있다', '이제 하면 더 잘 된다', '다시 해 보자', '몸이 나앗다', '더 건강하다', '크게 매출이 오를 것이다' '행운이 늘 내 편이다' '금전운이 따른다' 등

달리 말하면 문제나 어려움 앞에서 '된다'는 사람과 '안 된다'는 사람. 그런데 세상의 성공한 대부분의 사람들은 '된다'는 절대 긍

정주의자였다.

이제 우리는 말하고 행동할 때는 '위대한 CAN 마인드' 품고, 현재 상황만을 보고 말하기보다는

앞으로 더 잘 풀리고 이루어질 것이라는 기대와 풍요의 확신을 갖고 살아간다.

스스로 터득한 실험정신

　어느 날 토마스 에디슨이 건전지를 실험하는 과정에서 1만 횟수 이상의 실험을 반복하자, 그의 한 친구가 "왜 그렇게 실패한 것에 단념하지 않는가?"라고 물었을 때, "나는 실패 따위를 반복하였던 것이 아니고 다만 1만회 이상의 반복실험을 하였지만 최적한 방법을 찾아내지 못했을 뿐이다."라며 친구에게 대답했다.
　에디슨에게 실패는 단지 성공으로 가는 한 과정에 지나지 않았으며 실패를 단지 실패로서 여기지 않았던 그 정신이 진정한 승리를 안겨준 원동력이 되었다.

토마스 알바 에디슨

　에디슨은 "천재는 99%의 땀과 1%의 영감"이라는 명언을 후세에 남겨주기도 하였다.

다 알고 있듯이 1878년 에디슨은 진공관에서 방출되는 백열전구를 개발했다. 그는 인류 문명의 생활사에서 다양한 중요 물체의 성공적인 기업가이자 발명가로 알려져 있으며, 대량 생산의 원리를 발명 과정에 적용한 최초의 사람이다.

토마스 알바 에디슨(Thomas Alva Edison 1847~1931)은 1,093개의 특허가 있다. 여러 성공에도 불구하고 에디슨은 80대까지 계속 작업했다. 그는 가난하고 교육을 받지 못한 철도 노동자 출신으로 세계에서 가장 유명한 사람 중 한 명이다.

그의 성장 비결은 바로, 반복 수행하여 스스로 터득한 실험정신이었다.

토마스 에디슨은 주입식 교육의 학교생활에 적응하지 못해 따라가지를 못했다. 호기심이 많아 매시간 엉뚱한 짓을 일삼았고 괴짜 같은 질문만 해댔다. 이러한 태도로 인해 선생님은 에디슨을 가르칠 수가 없었다. 교장 선생님이 그 어머니를 불러다가 이 아이는 아주 바보니까 우리 학교에서는 더 가르칠 수 없으니 데리고 가라고 할 때, 에디슨의 어머님은 이렇게 말했다.

"우리 애는 다른 애들보다 훨씬 아이큐가 높고 머리가 좋은 애입니다. 다른 애들이 다 모자라니까 우리 애가 같이 있을 수 없을 따름입니다. 좋습니다. 이제 내가 교육하지요."

결국 에디슨은 학교를 다닌지 80여 일 만에 자퇴하게 됐고 집에서 어머니가 직접 가르치게 된다. 어머니는 아이를 할 수 있는 긍정적 아이로 가르쳤다. 수시로 "너는 혼자 공부해도 따라갈 수 있어."라는 긍정의 가르침은 결과적 그대로 나타났다.

에디슨은 훗날 세계적인 발명왕이 되었고 사업가로도 성공하게 된다.

그는 다음의 말을 남기었다.

"인생에서 실패한 사람 중 다수는 성공을 목전에 두고도 모른 채 포기한 이들이다."

'No Problem!'의 신념

한 기자가 티베트의 영적 지도자 달라이 라마(Dalai Lama)에게 물었다.

"선생님은 어떻게 그토록 많은 사람들에게 영향력을 끼치셨습니까?"

달라이 라마는 이렇게 대답했다.

"저는 사람을 만났을 때 딱 두 가지만 생각합니다.

저 사람에게서 내가 배울 점이 무엇인가?

그리고 어떻게 하면 저 사람을 도와줄 수 있을까?"

재차 강조하지만 성공하고 싶다면, 먼저 주변의 사람들에게 세상과 맞서 싸워 이길 격려의 힘을 불어넣어 주고 응원해 준다. 또한 힘든 인생을 주도적으로 이끌 수 있는 긍정의 신념을 심어준다. 혹 실패나 좌절해도 응원해 준다.

불과 13살 때 한 소녀가 미국 워싱턴 백악관 여행을 와서는 창살 틈으로 백악관 안을 쳐다보며 자신의 결심을 다음과 같이 말했다.

"아빠, 제가 저 안에 못 들어가고 밖에서 구경해야 하는 것은 분명 흑인의 피부색 때문이지요. 두고 보세요. 저는 반드시 저 안(백악관)으로 들어가구 말 거에요."

그녀는 이날의 꿈을 이루기 위해 자신의 확고한 신념을 굽히지 않았다. 곧바로 자신의 책상 벽에 '두 배로 열심히.'라는 슬로건을 내걸고는 노력을 멈추지 않았다. 결국 그 꿈은 멋지게 실현되었다. 그녀는 2005년 1월 26일, 최연소이자 첫 흑인 여성으로 세계 권력의 최정상인 미국 국무부 수장이 된다.

그렇게 세계에서 가장 영향력 있는 흑인 여성으로 세계를 좌지우지하는 높은 자리에 앉은 그녀의 이름은 바로, 콘돌리자 라이스 (Condoleezza Rice, 1954~)이다.

콘돌리자 라이스의 리더십에 감동을 받은 나는, 오랜 시간 그녀를 뛰어난 리더(leader)로 만든 원인이 대체 무엇이었을까? 이 물음을 갖고는 심도 있게 연구를 했다. 마침내 그 비결을 찾아냈고, 그것은 '반드시 이루고야 말겠다'는 원대하고 확고한 신념을 가졌기에 가능했던 것이다. 한마디로 그녀의 'No Problem!', '흑인 여성이라는 것은 문제가 되지 않는다'는 신념 말이다.

그녀는 현재에 처한 문제의 벽보다 더 높게, 더 큰 뜻을 세웠고, 흑인이라는 것을 문제로 보지 않았으며, 대신 문제보다 더 큰 뜻을 품었던 것이었다.

이처럼 확고하고 문제를 넘어서는 신념은 넘을 수 없는 문제를 보고도 'No Problem!'으로 취급해 버린다. 이것이 더 높이 비상할 수 있는 희망의 열쇠다. 불가능을 가능으로 만든다.

미국의 흑인해방운동 지도자인 마틴 루터킹 목사도 "나는 꿈이 있습니다."란 주제의 연설로 사람들의 가슴 속에 희망의 불씨를 지펴놓았다.

〈실천 훈련〉 선명하고 확고한 큰 뜻 품기

  분명 확고한 큰 뜻을 마음에 품고 굳게 믿어야 꿈은 이루어진다. 앞으로 할 수 있다는 신념을 갖고 매일 다음의 말을 소리 내어 외쳐보자.

  "나에겐 원대한 꿈이 있다."
  "나는 오늘 가슴 뛰는 삶을 살 거야!"
  "오늘도 나의 꿈을 펼쳐 보자.."

7

쉽게 부를 얻는 시크릿

돈은 하고 싶은 모든 일을 하게 해준다.

사랑하는 사람을 기쁘게 해줄 수 있다.

― 주는 행위

말하는 대로 이루어진다

- 톨스토이 〈인생이란 무엇인가〉에서

미래의 사랑은 없다.

사랑이란 언제나 지금 현재의 행위다.

사랑을 지금 보여주지 않으면

사랑을 갖고 있지 않은 사람이다.

쉽고 빠르게 부자가 되는 비결

〈피그말리온과 갈라테이아〉, 장 레옹 제롬,
1892, 유화, 94x74cm, 메트로폴리탄 미술관 소장

피그말리온과 갈라테이아 이야기

프랑스 화가 장-레옹 제롬(Gerôme, Jean-Leon)은 〈피그말리온
과 갈라테이아(Pygmalion and Galatea)〉 작품을 통해 긍정의 기대
심리를 전했다. 그의 그림을 보면, 석고상의 여인이 인간으로 변
화하고 있으며 어김없이 등장한 에로스가 활시위를 당기고 있다.

이 이야기에서 심리학 용어인 '피그말리온 효과'가 유래됐다. 즉 다른 사람에게 기대하거나 예측하는 바가 그대로 실현되는 경우를 일컫는다. 이것이 긍정의 기대심리 효과이다.

긍정의 기대심리는 1964년 미국 하버드대학교 교육심리학자 로버트 로젠탈(Robert Rosenthal 1933-) 교수의 실험에서 얻어냈다.

샌프란시스코 초등학교에서 하버드식 돌발성 학습능력 예측 테스트라는 보통의 지능 테스트를 하면서 학급 담임 선생님에게는 앞으로 수개월 간에 성적이 오르는 학생을 산출하기 위한 조사라고 설명하였다. 하지만 실제 조사에는 아무런 의미가 없었고, 실험시행자는 조사의 결과와 관계없이 무작위로 뽑은 학생의 명부를 담임 선생님에게 보여주었다. 그리고 명부에 기재된 학생이 앞으로 수개월 간에 성적이 향상될 우수 학생이라고 알려주었다.

그 후, 학급 담임은 그 학생들의 성적이 향상될 것이라는 기대를 품었고 확실히 성적은 향상되었다. 학급 담임의 기대심리가 성적 향상의 원인이었다. 게다가 학생들도 기대를 의식했기 때문에 성적이 향상된 것이라고 생각하였다.

한마디로 로젠탈 효과(Rosenthal effect)는 타인의 기대나 관심으로 인하여 능률이 오르거나 결과가 좋아지는 현상을 말한다. 또 이러한 기대심리 현상을 피그말리온 효과(pygmalion effect)라고 말한다.

피그말리온 이야기

　피그말리온(Pygmalion)은 키프로스의 왕으로 훌륭한 조각가이기도 했다. 지상의 헤파이스토스(대장간 신)라고 불릴 정도로 뛰어난 자신의 조각 솜씨를 발휘하여 상아로 여인상을 만들었다. 이유인즉, 피그말리온 왕은 여성들을 보기만 하면 그녀들의 결점만 눈에 들어왔다. 결국엔 더 이상 여성은 쳐다보기도 싫어져서 평생 독신으로 살겠다고 마음을 먹었다. 다만 실물 크기의 조각 여인상을 만들었고 세상의 어떤 여자보다도 아름다웠다.

　피그말리온은 이 여인상에 '갈라테이아(Galatea)'라는 이름을 붙였다. 그런데 왕은 이 조각상에 반해 조각 여인을 사랑하였다. 그리고 아프로디테 축제일에 이 조각 여인을 아내로 삼게 해 달라고 여신에게 간절히 기원하였다. 그의 열렬한 마음을 헤아린 아프로디테 여신은 조각 여인상에 생명을 불어넣어 주었다.

　결국 피그말리온은 인간이 된 갈라테이아와 결혼하였다. 이들의 결혼식에는 아프로디테(비너스) 여신도 참석하였고, 이 두 사람 사이에서 태어난 딸은 피그말리온의 고향 땅 이름을 따서 '파포스(Pahos)'라고 불렀다.

　정리하자면 피그말리온 효과(Pygmalion Effect)는 절대 긍정의 기대심리 효과의 중요성을 의미한다. 누군가를 향한 기대나 예측, 간절함은 그대로 실현될 수 있다는 것을, 즉 긍정의 기대함대로 이루어지게 된다.

영국의 극작가 버나드 쇼(George Bernard Shaw)는 이 신화 이야기를 현대적으로 해석하여 〈피그말리온1913〉이라는 희곡을 발표했다. 또 이것을 각색한 오드리 헵번 주연의 〈마이 페어 레이디(My Fair Lady)〉라는 뮤지컬 영화도 있을 정도로 유명하다.

이렇듯 피그말리온 효과는 우리가 처한 여건이나 문제에 관계 없이 간절히 기대하고 갈망하면 그대로 이루어진다는 것을 확인할 수 있는 이야기이다.

빠르게 부자가 되는 방법

"부자는 자신이 하고 싶은 일을 한다."

- 부자의 정의

쉽고 빠르게 부자가 되기 위해 가장 먼저 해야 할 공부는 바로 돈 공부다. 사람은 부자가 되고 싶다는 강한 본능을 가지고 있다. 따라서 진보하는 인간에겐 항상 부의 기회가 주어지는 힘이 작용된다. 특히 자본주의 사회에서 돈이 없으면 순조로운 인생을 보낼 수 없다. 따라서 성공은 자신이 되고 싶어 하는 사람이 되는 것인데, 자신이 원하는 꿈을 이루기 위해서는 경제력을 가질 필요가 있다. 그러므로 인간에게 있어 최대의 행복은 사랑하는 사람에게 이익을 가져다주는 것이다. 그래서 사랑을 가장 자연스럽고 자발적으로 표현하는 방법은 '주는 행위'이다.

그렇기 때문에 부자가 되는 것은 무엇보다도 주는 행위에 능해야 한다.

부자가 되기 위한 원리가 어떤 것인가를 확실히 이해함이 중요하다. 애매모호하고 뚜렷하지 않은 바램은 손에 넣을 수가 없다. 바라는 것을 머릿속에 그 명확하고 구체적인 이미지를 그려야 한다. 막연히 생각하는 것만으로는 부자가 될 수 없다. 그것은 누구나 다 그런 소망을 갖고 있다. 대신 명확하고 확실한 목적지로 나아가기 위해서 손에 넣고 싶은 것이 무엇인가를 바로 알고, 그것을 계속 품어야 한다.

쉽고 빠르게 부자가 되는 것은 꼭 환경, 직업, 재능만의 문제는 아니다. 그렇다고 절약이나 검소하게 산 결과만도 아니다. 특정한 업종에 종사하는 것만이 아니라 부의 기회를 붙잡아야 한다. 즉 부의 흐름을 리드하는 사람은 부자가 될 수 있다.

부를 얻는 시크릿

부를 얻기 위해서 처음엔 긍정의 기대를 끌어당기는 연습이 필요하다. 강렬히 바라고 확신을 갖고 시간이 날 때마다 되새기며 자신을 고무하는 말을 외친다. 얻는 것은 항상 열렬히 바라는 이미지가 명확하고 구체적으로 되는 것에 의해서, 또한 머리를 짜내서 세세한 부분까지 골똘히 바라봄으로서, 바라는 것이 점점 더 강력해지고 이미지에 한층 더 집중하게 된다.

그러나 명확한 이미지를 갖는 것만으로는 충분치 않다. 그 명확한 구상을 반드시 실현해서 실제적 형상으로 만들려고 하는 수행이 없으면 안 된다. 흔들림 없는 확고한 실천적 믿음이 필요하다. 바라는 이미지가 명확하고 구체적으로 될 때까지 차분히 생각하고 자신의 것이라는 확신을 갖고 소유한다. 감사하는 마음을 가슴에 새기고 확실히 자신의 것으로 소유하고 있음을 믿고 맘과 몸으로 실천한다.

<실천 과제> 부자가 되는 요지

　현재의 직업을 보다 개선되고 혁신적 직업을 얻기 위한 수단으로 활동한다. 보다 향상된 직업의 이미지를 계속 갖고 있어야 한다. 결심과 확신을 갖고 지금 하고 있는 일에 변화를 주고자 머리와 손을 써 본다.

　부디 지속적으로 바라는 이미지와 확신을 계속 가짐으로써 보다 좋은 직업을 얻게 되고, 희망하는 부서로 옮겨질 것이다.
　자신의 창조력을 활용해서 바라는 것의 이미지를 확실히 머릿속에 그린다. 부의 새로운 기술과 보다 나은 직업관을 갖고 부단히 노력한다.

부의 운이 당겨지는 태도

부의 운이 당겨지는 태도가 모이고 쌓여 누적되면 확실한 부의 결과를 가져다준다. 번영을 바라는 것은 모든 만물에 갖춰진 것이기 때문에, 활력 있는 인생을 향하여 움직이기 시작하면, 한층 더 많은 것들이 그 사람에게 흘러들어 온다.

현재의 직업을 바꾸느냐 마느냐는 나중 문제이고, 당장은 지금의 직업에 어울리는 활동과 개선해 나가야 한다. 그래야 좋은 운이 들어오는 입구가 넓어진다. 항상 긍정적인 부의 에너지가 작동하도록 주문해야 된다.

대부분 성공의 밑천은 초(超)긍정의 에너지이었다. 대개 이를 '행운'이라고 말한다. 이를테면 '된다~'운, '부자가 된다~'운, '돈이다~'운. 참으로 평범하고 많이 들어본 말이지만. 부의 운이 당겨질 수 있도록 세분화하고 구체화시킨다. 막연한 이론을 실현할 수 있는 구체적 개념으로 만든다.

조셉 머피(Joseph Murphy) 1898~1981

작가이자 강연가인 조셉 머피(Joseph Murphy)[2]가 말하기를 "세상에는 자신의 삶을 비관하는 사람과 행복해하는 사람, 즉

---

2 조셉 머피 박사는 아일랜드에서 태어나 제1차 세계대전 중에 미국으로 이민한 아일랜드계 미국인으로서 캘리포니아 주 로스앤젤레스 시에 위치한 디바인 사이언스 교회의 목사였다. 그는 세계적으로 뛰어난 저술가, 교육자, 강연가였다.

두 가지 타입이 있다"라고 하였다.

이렇게 인간 내면에 잠재되어 있는 힘의 사용 여부에 달려있다. 따라서 잠재의식은 생각하기에 따라서 창조적 힘으로 발휘한다. 그런데 이 거대한 힘은 누구에게나 주어진 능력이지만, 어떻게 이 부의 에너지를 삶에 활용하느냐는 것은 절대적으로 개인의 의지에 달려 있다.

보통 사람들은 일상생활에서 힘들고 어려운 처지를 당하면 대개 자신도 모르는 사이에 주위 사람들에게 부정적인 태도를 드러낸다.

결국 꼬이고 일들이 잘 풀리지 않을 수 있다. 부의 운조차 도망가 버린다.

위대한 성공을 부르는 5가지 법칙

1. 목적에 대한 생각을 구체화했는가?
2. 구체화한 목적을 달성할 계획과 시한을 정했는가?
3. 그것을 향한 불타는 열망이 있는가?
4. 성공하기 위한 자신의 능력을 믿는가?
5. 환경과 비판에 구애받지 않고 이 일을 하는데 필요한 것이라면 어떤 대가라도 치르겠다는 강철같은 각오가 섰는가?

– 동기부여가 폴 마이어

나는 운을 달고 다닌다

머피의 법칙 이야기

한 불치의 병에 걸린 소년이 미국 인디아나 폴리스에 살고 있었다. 죽기만을 기다리고 있는 소년에게 성공법칙으로 유명한 조셉 머피 박사가 찾아가서 날마다 긍정적인 생각과 말을 하면 건강을 되찾을 수 있다고 조언을 해주었다. 이 말을 들은 소년은 하루에도 몇 번씩 스스로 다음의 말을 선포하고 시인하였다.

"나는 건강하다, 나는 살 것이다, 나는 행복하다, 나는 나을 수 있다, 나는 운을 달고 다닌다, 난 최고의 걸작품이다, 난 더 잘되고 있다, 행운은 늘 내편이다."

소년의 실상은 그렇지 않았다. 소년은 곱추에다가 불치의 병에 걸려서 죽어가고 있었다. 그럼에도 불구하고 자신의 처지나 환경을 바라보지 않고 "나는 건강하다, 나는 운이 좋은 사람이다, 나는 행복하다, 나는 나을 수 있다, 나는 운을 달고 다닌다." 늘 그렇게 시인했고 고백했다.

그리고 그 소년은 항상 건강한 사람처럼 타인의 행복과 같은 긍정적인 생각을 했다. 자기의 병에 대한 불안이나 공포 또는 건강한 사람들에 대한 질투나 시기심 같은 것들이 마음에 떠오를 때마다 그것을 모두 지워버리고 오직 사랑을 마음에 가득 채웠다. 희망만을 기대하고 의지했다. 자신의 입으로 늘 시인하여 마음을 밝

<실천 과제> 하고 싶은 일 10가지 적기

가슴 설레며 좋아하는 일이 무엇인지, 정말로 하고 싶은 일, 몰입하고 싶은 일을 써 본다.

1. ....

2. ....

3. ....

4. ....

5. ....

6. ....

7. ....

8. ....

9. ....

10. ....

위 10가지의 충실한 직업관을 갖기 위해서는 평소 지식을 심화시키고 관계를 고양시키기 위한 노력을 부단히 해야 한다.

잘될 거라는 기대

"내가 기쁘게 해주지!"

"바라는 대로 이루어질 거야!"

"오늘도 좋은 생각만하고 예쁜 말만 쓰렴."

– 플라시보 효과

어릴 적 농촌 시골에서 자란 나는, 약국이나 병원이 없던 산골이라 배가 아프거나 머리가 아플 때면 할머니 방으로 달려갔다. 할머니는 그 아픈 곳에 자신의 손을 올려놓고는 "우리 손자 배 아픈 것 다 나았다, 아프지 말라!" 그런 주문으로 아픈 상태를 만져 주셨던 것을 기억한다. 심지어는 할아버지의 조제약을 머리가 아프다고 하니, 그냥 먹였다. 그런데 정말 덜 아픈 것을 체험하였다. 어쩜 요즘 말하는 플라시보 효과가 발휘되었기 때문일 수 있다.

위약효과 즉, 심리의 변화, 긍정적 믿음의 상태에서 심리적 긍정의 언어를 듣는 '플라시보(위약偏藥) 효과'[3]이다. 가짜 약을 먹었는데도 진짜 약을 먹었다고 느끼면서 심리적 약효가 나타나는 현상이다.

이렇듯 자신의 긍정적인 생각과 말은 먼저 자신의 신체에도 영향을 끼친다. 흔히 환자의 긍정적인 믿음으로 인해 병세가 호전되

---

3. 위약 효과를 다른 말로 플라시보 효과(placebo effect)라고 말한다. 일종의 자기암시 효과이다. 이 가짜 약을 복용한 사람들은 병세가 호전되었다. 라틴어로 '내가 기쁨을 줄 것이다(I shall please)'란 뜻이다.

는 현상일 수 있다.

바라기는 어떤 상황에서든 좋은 운과 긍정을 품은 믿음의 사람이 되기를 바란다. 즉 잘될 거라는 기대, '운'조차 달고 다니는 사람이라는 긍정의 믿음을 일상에서 발산하는 사람이 되어주기를 말이다.

'플라시보 효과'를 발견한 프랑스 약사 에밀 쿠에(Emile Coue 1857-1926)에게 어느 날 평소 잘 알고 지내는 사람이 의사 처방전 없이 급히 찾아와서는 말하기를 "시간이 늦어 병원에 갈 수도 없고 당장 배가 아파 죽을 지경이니 약을 지어달라."고 하소연했다. 약사는 처방전이 없었기 때문에 처음에는 거절했으나, 그 사람의 사정이 딱하여 위약(僞藥)을 지어주었다. 그 사람이 말하는 통증에는 실제 아무 효과는 없으나, 인체에 아무런 해도 끼치지 않는 포도당류의 알약을 지어주었다. 그리고 며칠 후 우연히 길에서 그 환자를 다시 만났다. 그런데 그가 던지는 말이 의외였다.

"선생님이 지난주에 지어주신 그 약이 무슨 약인지 몰라도 참 신통합니다. 그 약하나 먹고 깨끗하게 나았는 걸요. 참으로 감사합니다. 약사님."

어떻게 이런 일이 있을 수 있었을까? 분명 약사가 지어준 약은 아무런 효과도 없는 포도당류의 알약이었는데, 아마도 환자가 믿고 있는 약사가 지어준 약에 대한 절대 긍정의 믿음 덕분이었을 것이다. "내 통증이 나을 수 있다(I shall please)"는 확신이 있었기에 약의 성분과 상관없이 심리적 변화가 아픔을 사라지게 했을 것이다.

이렇듯 우리 일상에서도 약사 '에밀 쿠에'의 자기암시와 플라시보 효과 같은 언어생활로 치유의 기적을 경험할 수 있다.

'에밀 쿠에'의 자기암시
"나는 날마다, 모든 면에서, 점점 더 좋아지고 있다."

어쩌면 이 플라시보 효과를 신뢰하고 하루에 30번씩 복용하여 외친다면 그대로 좋은 긍정의 효과가 나타날 것이다. 매일 긍정의 자기암시를 생활화하는 습관을 갖는다면 행운의 하루가 될 것이다.

\<실천 과제\> 하루에 30번씩 복용하여 외치기

"나는 날마다, 모든 면에서, 점점 더 좋아지고 있다."
"나는 운을 달고 다닌다."
"나는 건강하다."
"나는 행복하다."
"나는 다 나앗다."

"내가 기쁘게 해주지!"
"바라는 대로 이루어질 거야!"
"오늘도 좋은 생각만 하고 예쁜 말만 쓰렴."
"부자가 되었다."

3부

돈, 사람, 성공을
만드는 힘

8

성공의 비밀을 파헤치는
최강 비밀

돈으로 행복을 살 수는 없지만

곤란한 상황에서 당신을 구해 줄 수는 있다.

– 클레어 부드 루스

말하는 대로 이루어진다

사지가 없는 행복 전도사

닉 부이치치의 한마디

"

나는

행복합니다.

"

새들의 왕 독수리

지금이 헛되지만은 않은 이유

인간은 자신이 믿는 대로 되는 경향이 있다.
예를 들어 '나는 이 일을 해낼 수 없어'라고 믿으면,
실제로 그 믿음 대로 될 가능성도 크다.
이와 반대로 '나는 얼마든지 해낼 수 있다'고 믿으면,
지금 당장은 해낼 능력이 없더라도
결국에는 그 능력을 갖게 된다.

— 마하트마 간디

독수리는 가장 오래되고 지혜로운 종족 중의 하나이다. 독수리는 눈이 예리해서 대단히 멀리 떨어진 곳에 있는 작은 것들도 볼 수 있다. 그래서 영화 〈반지의 제왕:왕의 귀환〉 후반부 검은문 전투에서 '독수리가 온다'고 외치는 피핀의 음성과 표정은 희망과 환희, 그 자체이다.

한번은 영웅 독수리가 자살하려는 독수리에게 다가가며 말했다. "나는 어떤가? 상처 하나 없을 것 같지? 그러나 이 몸을 봐라."

영웅 독수리가 날개를 펴자 여기저기 빗금 진 상흔이 나타났다. 영웅 독수리가 조용히 말했다.

"상처 없는 새들이란 이 세상에서 태어나자마자 죽은 새들이다."

새들의 왕 독수리는 폭풍우가 밀려오는 방향을 향해서 날개를 세우고 더 높은 창공을 향해 치솟아 올라간다. 그렇게 정면으로 맞서서 피하기보다 폭풍우를 뚫고 날아간다. 폭풍우의 뒤에는 평온함이 있음을 알기에 말이다.

---

4 이미지 출처: 구글 http://t.wallpaperweb.org/wallpaper/animals/1
   600x1200/Magnificent_Wings_Bald_Eagle.jpg

독수리의 비밀 훈련

"제아무리 독수리라도 날개를 치지 않으면 결코 하늘로 날아갈 수 없다."

한번은 새들의 왕이라 불리는 독수리는 자신의 새끼독수리들을 어떻게 훈련시키는지가 궁금하여 자료를 살펴보았다.

어미 독수리는 높은 곳을 찾아 둥지를 짓기 때문에, 주로 높은 절벽 위나 나무 위에 잔가지를 이용해 둥지를 짓는다. 그러므로 뜨거운 햇빛을 막고 비바람을 피할 수가 있다. 그곳에 알을 낳고 새끼가 부화되면 어미 독수리는 새끼 독수리에게 먹이를 물어 가져다준다. 어린 독수리들이 자라서 스스로 사냥할 수 있을 때까지 이 일을 계속한다. 새끼 독수리들은 눈을 뜨면 광활한 들판을 보고 하늘을 보며 아주 행복한 어린 시절을 그렇게 보낸다.

이제 날개가 생기고 하늘로 날만 하면 어미 독수리가 둥지로 날카로운 가시를 물고 들어온다. 그리고 푹신했던 털의 자리를 다 걷어치우고는 그 자리에 뾰족한 가시 나뭇가지로 둥지를 만든다. 그렇게 하면 서서히 어린 새끼들의 둥지는 가시로 채워지게 된다. 그러면 새끼들은 어미 독수리가 왜 이러지 하면서 불평을 한다. 그때 어미 독수리가 둥지 안에 있는 새끼 독수리를 업고 밖으로 나온다.

처음에는 주로 근처의 나뭇가지나 바위로 날아 보게 한다. 그리고는 새끼들을 날개바람으로 업어 높은 하늘로 사정없이 치솟아 올라간다. 이제 높은 하늘에서 새끼들을 떨어뜨린다. 그러면 새끼들은 날갯짓을 하지만 땅으로 떨어지고 만다. 이렇게 땅에 다 떨어질쯤에 재빨리 어미 독수리가 다시 받아서 사정없이 하늘로 치솟아 올라간다. 그러고는 또 떨어뜨린다. 이런 고달픈 훈련을 아주 많이 시킨다.

어미 독수리는 왜 이렇게 고되고 힘든 훈련을 시키는 걸까?

이유인즉 훗날 어린 독수리들이 새들의 왕이 되기 위해서는, 반드시 힘든 훈련 과정을 마쳐야 하늘의 왕 독수리가 될 수 있다는 것을 어미 독수리는 잘 알고 있었기 때문이다.

이렇듯 시련의 강도에 이겨낸 독수리가 하늘로 치솟아 올라가듯이, 지금 우리가 겪는 어려움과 시련, 실패는 어쩌면 최고가 되어가는 과정일 수 있다. 어쩌면 성공으로 가고 있음이다.

그렇다. 연단 없는 프로가 없듯, 시련 없이 성공할 수 없다. 지금의 어려움은 더 위대한 능력을 키워 발휘되는 순간일 수 있다.

어미 독수리의 엄격한 훈련이 비로소 하늘의 왕으로 거듭날 수 있는 기회를 제공했듯이, 앞으로 우리도 험난한 인생을 살아갈 때 크고 작은 시련이나 어려움이 찾아들 수 있다. 그럴 때마다 포기하기보다는, 피하고 숨기보다는, 맞서 응전할 수 있어야 한다.

주역(周易)의 동심(同心)

성공하고 싶은 마음은 전혀 이상하지 않다. 하지만 준비와 훈련 없이 성공만을 기대한다면 일을 망칠 수 있다. 그래서 성공한 사람들을 만나보면 이렇게들 말한다.

"사실 나에게도 힘든 세월이 있었기에 성공할 수 있었다."
"나는 1년 365일 운이 좋았어."
"나는 매일 열심히 노력한 결과 같아."

다음의 말을 우리 가슴에 새겨두었으면 한다.
괴테의 〈경고〉 문구에 주목하자. '좋은 것, 행복은 늘 곁에 있다.' 성공과 행복은 멀리 있는 것이 아니라, 바로 내 주위 가까이에 있음을.., 손을 뻗으면 언제라도 잡힐 곳에. 그러니 지금 손을 뻗어 그 행복을 움켜쥐라.

중국 유교 경전 중 하나인 '주역(周易)'은 64개의 괘사와 384개의 효사를 담고 있다. 어렵고 난해하다고 알려진 주역의 저자는 4명이다. 복희, 문왕, 주공, 그리고 공자이다.
『주역』을 한마디로 정의하면 '기다림'이라고 말한다.
올곧은 기다림 속에서 적절한 타이밍을 포착하여 알맞은 행동을 할 수 있어야 한다.

주역 속으로 들어가보면,

공자가 편찬한 『서괘序卦』는 『역전易傳』 십익(十翼)중의 하나로서, 64괘의 배열 순서를 해설한 책인데, "하늘과 땅이 있고 난 다음에, 여기에서 만물이 생겨났다"(有天地 , 然後萬物生焉)라고 하였다. 이는 '건괘'가 하늘이고 '곤괘'가 땅이니, 건괘의 강건함과 곤괘의 공경함이 서로 어우러져서 만물이 생성된다는 뜻이다.

즉, 살아가는 데 갖춰야 할 덕은 스스로 쌓아야 하고 각기 그 단계에서 수양해야 할 덕을 기술이라고 한다.

다음은 그 주역(周易)에 나오는 말이다.

二人同心 其利斷金 [이인동심 기이단금]
同心之言 其臭如蘭 [동심지언 기취여란]

두 사람이 마음을 같이 하면 그 날카로움이 쇠도 끊을 수 있다.
하나 된 마음에서 나온 말은 난초와 같은 향기를 풍긴다.

여기서 '동심(同心마음을 같이함)'이란, '훌륭한 생각'과 '선량한 뜻'이 하나로 합치된다는 것을 의미한다. 곁에 있는 사람에게서 나쁜 것이 아닌 좋은 것을, 험담이 아닌 칭찬을, 나에게 못 해준 것이 아닌 잘해준 것을, 노림수를 위해 모인 결탁(結託)이 아닌 진정성 있는 화합(化合)이야말로 원래 동심(同心)의 취지이다. 일단 끝까지 믿어주면, 그 믿음은 자신의 사명을 수행한 후 승리의 깃발을 들고 개선한다.

일본 부자 기업 소프트뱅크의 창업주 손정의(孫正義, 1957-)는 자신이 최고의 성공 기업가가 될 수 있었던 요인 중 하나가 바로 아버지의 한도 끝도 없이 치켜세워줌이었다고 말한다. 이를테면 '너는 나보다 머리가 좋다.' '넌 큰 사람이 될 것이다.'

손정의는 한 번도 아버지로부터 혼난 적이 없고, 늘 천재라며 치켜세워주었다. 한마디로 그의 성공 배경에는 아버지의 격려 교육이 큰 영향을 주었다.

손정의 아버지인 손삼헌은 아들에게 한 가지를 분명하게 가르쳐 주었는데 바로 사고하는 힘이었다. 수시로 생각을 키우는 힘을 훈련시켜 주었다. 한 예로, 길을 가다 사고가 난 차량을 보면, "건널목에서 사고가 난 이유가 뭘까?"라고 손정의에게 질문을 던졌다. 대답할 필요가 없는 평범한 질문이라도 자녀에게 생각하는 힘을 키웠다.

이렇듯 장점에 맞춰 인정해 주고, 질문의식을 키우고, 깊고 넓게 사색하며, 동심(同心)하면, 그 날카로움은 못할 것이 없다.

끊임없이 허우적거린 결과

"도전하지 않으면 성공은 결코 내 것이 될 수 없다."
"절박함이 없이는 기적은 없다."

현대인의 가장 큰 화두는 당연 '돈'이다.

자본주의 사회에서 사람들은 돈을 벌기 위해 꿈꾸고 갈망한다. 그래서 돈에 대한 법칙, 원리, 공식 같은 것들이 무수히 쌓아져 회자되고 있다. 그런데 많은 사람들이 진정 성공하는데 가장 기본기는 모르고 있는듯하다. 아무리 쉬운 길이라 할지라도 끊임없이 파고 시도하고 도전할 때 기적이 만들어진다. 새로운 도전을 두려워해선 안 된다. 확고한 신념이 열정과 만나면, 엄청난 시너지 효과를 발휘하게 된다. 끊임없는 도전과 열정은 늪과 수렁에서 나오도록 해준다.

다음 탈무드에 나오는 우화 이야기에서 멋진 성공 공식을 만나볼 수 있었다.

연못에 살고 있는 개구리 두 마리는 항상 같은 일상에 싫증이 났다. 그래서 사람들이 사는 마을로 놀러 가게 되었다.

개구리 두 마리가 그리 높지 않은 우유 통에 빠졌는데, 그중의 한 마리는 미끄러운 우유와 미끈미끈한 우유 통을 바라보고, 여기서 빠져나갈 수 있는 가능성은 전혀 없다고 생각하여 일찌감치 체념하였다. 그 결과 죽고 말았다.

그러나 다른 개구리는 역시 불가능한 상황과 절망을 알기는 하였으나 마지막 순간까지 무엇인가 노력해볼 결심으로 다리를 멈추지 않고 우유 통속에서 계속 움직였다. 그러자 어느덧 액체였던 우유가 차차 고체인 버터로 변해 가고 있었다. 그 결과 단단하게 된 버터가 발판이 되어 우유 통 밖으로 뛰쳐나올 수 있었다.

그리하여 힘껏 허우적거린 개구리는 살 수 있었다.

나는 이 우화를 통해 지속적인 도전과 열렬한 절박함과 간절함이 기적을 만든다는 것을, 끊임없이 허우적거린 결과 절망의 상황에서 벗어날 수 있었다. 이는 끊임없이 더 나은 미래 지향적 목표를 향해 허우적거리며 움직인 결과였다.

행복을 그린 화가

르누아르, 〈몰랭 드 라 갈레트의 무도회〉, 1876년, 유화, 131x175cm, 오르세 미술관

생애에 슬픈 그림을 그린 적이 없는 프랑스의 대표적인 인상주의 화가 피에르 오귀스트 르누아르(Pierre-Auguste Renoir, 1841~1919)는 언제나 행복을 그렸다. 특히 목욕하는 여성의 육체를 가장 아름답게 묘사하였다. 그는 말하길

"만약 신이 여성을 창조하지 않았더라면 화가가 되었을지 모르겠다."

르누아르 작품 〈몰랭 드 라 갈레트의 무도회, 1876〉는 일요일 오후마다 파리 사람들이 모여들어 수다를 즐기던 장소였다. 르누아르는 이곳의 분위기를 고스란히 그림에 담기 위해 근처에 숙소를 얻어 매일 이곳을 드나들며 수많은 스케치를 그려냈다. 이 그

림은 초여름의 햇빛이 나무 사이를 비추는 무도회장에서 무리를 이룬 젊은 남녀들이 춤과 놀이를 즐기는 모습이 생생하게 표현되어 있다. 특히 햇빛과 그림자의 효과를 창조해 내는 르누아르의 기법이 잘 표현되어 있다.

이 그림은 그 느낌이 얼마나 생생한지 음악 소리와 옷깃 스치는 소리가 들려오는 듯하다.

파리 시민의 행복한 일상을 사진처럼 포착하여 그려냈다. 마치 그림의 세계로 초대하고 있는 것 같다. 그런데 이 작품은 르누아르가 최악의 환경에서 만들어 낸 작품이다.

그는 가난한 노동자의 자녀로 태어나 도기 공방에 들어가 일을 하였다. 말년에는 관절염으로 붓을 제대로 쥘 수 없었음에도 불구하고 그림 그리는 것을 멈추지 않았다. 심지어 팔에 붓을 묶어 그림을 그렸다. 그는 53세부터는 팔과 다리에 마비가 왔고, 59세부터는 손과 팔이 뒤틀리기 시작했고, 곧 두 다리가 완전히 마비되고 손은 아예 쓸 수 없게 된다.

〈목욕하는 여인들〉, 르누아르, 1918~1919, 110x160cm, 오르세 미술관

게 하며 긍정적인 에너지를 주입한 것이다.

이렇게 긍정적인 생각을 하며 선언한 지 몇 년 후에 곱사등과 두 다리가 펴지고 건강을 찾아서 완전한 사람이 되었다.

나는 '머피의 법칙(Murphy's law)' 이야기를 통해 다시 한번 생명에조차 영향을 끼치는 긍정적 마음가짐이 놀라운 치유의 능력이 있음을 확인했다. 절대 긍정적 태도는 기적을 만들어 냄을 더더욱 확신하게 되었다. 자신의 언어로 긍정적인 말을 한다는 것이 얼마나 놀라운 능력을 나타내는지 말이다.

자신의 생애를 가만히 한번 생각해 보면, 왜 나의 생활 속에 행운이 찾아오지 않는지, 부의 운이 따르지 않는지 그 이유를 알 수 있을 것이다.

부정적인 사람들의 대다수는 늘 처한 자신의 환경을 바라보고 염려, 근심, 불안, 초조, 절망 등 부정적인 생각과 말을 더 많이 쏟아낸다. 더 나아가 사람을 만날 때마다 비난하고 비교하며 공격하고 흠잡는다. 상대를 무시하거나 하찮게 여긴다.

하지만 머피의 법칙을 믿고 기대한 대로 창조적 삶을 살아간다면, 지금 처한 환경 속에서 긍정의 힘인 머피의 법칙을 적용해 본다. 실로 놀라운 부의 기회를 누리게 되고 한평생 행운을 달고 살게 될 것이다.

그러나 르누아르가 78세에 그린 작품 〈목욕하는 여인들〉은 그의 마지막 작품이기도 하다. 이 시기에 그려진 그림 속 대상이 명확한 외곽선 없이 흔들리듯 묘사된 이유가 이 때문이다.

르누아르는 말년에 심한 신경통(관절염)으로 많은 고생을 했다. 그는 몸이 불편했으면서도 매일매일 그림을 그렸다.

한 지인이 르누아르에게 물었다.

"자네는 이런 고통 속에서도 왜 그림을 그리나?"

그는 이렇게 대답했다.

"고통은 지나가 버리지만 아름다움은 영원하기 때문이라네."

노력 없이 성공은 없다

옛날이나 현대에도 명궁이 되기 위해서는 피나는 수련을 필요로 한다.

중국 전국시대의 조나라 명궁인 기창(紀昌)은 아내가 베를 짜는 베틀 아래 누워서 좌우로 오가는 북이 정지 상태로 보일 때까지 2년 동안 수련을 쌓았다. 그다음에는 머리카락에 이(머리에 생기는 곤충)를 한 마리 묶어 놓고 종일 들여다보기를 3년을 하면서 그 이가 말(타는 말)만하게 보일 때까지 노력했다. 그다음에는 물을 가득 담은 사발을 오른쪽 팔꿈치에 얹어 놓고 활시위를 잡아당겨도 움직이지 않을 때까지 수련을 쌓았다고 한다.

이렇듯 명궁조차도 피나는 수련에 의한 결과이다.

마이크로소프트사 창업가이자 부자 기업가인 빌 게이츠의 명언처럼 "인생은 등산과도 같다. 정상에 올라서야만 산 아래 아름다운 풍경이 보이듯 노력 없이는 정상에 이를 수 없다."

이렇듯 정상에 올라서야만 산 아래의 경치를 볼 수 있다. 그런가 하면 백만장자들이 말하는 진정한 '성공 비결'이란, '다른 사람들이 다 포기할 때 계속 버티는 것'이라고 한다. 즉 정상으로 오르기 위해 가장 중요한 것은 바로 굳센 마음가짐이다.

그런가 하면 부(富)를 얻는 비결을 미국의 포브스(Forbes)는 말하기를 "대부분 하나의 아이디어를 가지고 최대한 끈질기게 매달려 거기에 도달했기에 가능했다."고 하였다.

영국의 윈스턴 처칠(1874~1965)은 사관학교 시험에 낙방한 쓰라린 경험을 했다. 그러나 좌절하지 않고 최선을 다해 노력한 결과 장군과 수상을 지냈고, 노벨문학상까지 받는 20세기의 위대한 인물이 되었다.

또한 알베르트 아인슈타인(1879~1955)도 공과대학 입학시험에 실패했으나 좌절하지 않고 재도전하여 결국 세계적인 과학자가 되었다.

토마스 에디슨(1847~1931) 역시 어렸을 때 초등학교에서 공부하기에는 모자란다는 이유로 퇴학을 당했으나, 그의 창의력과 집념을 한 군데 쏟아부은 결과 발명왕으로서 자리를 굳히게 된다.

유명한 미국 대통령 아브라함 링컨(Abraham Lincoln, 1809~1865)도 초등학교마저 제대로 졸업할 수 없었던 어려운 환경 가운데서 혼자 공부하였다. 선거에서 낙선되는 쓰라린 고통을 맛보았지만 좌절하거나 포기하지 않고 노력하여 마침내 미국 역사상 가장 유명한 존경받는 대통령이 되었다.

장대높이뛰기에서 올림픽 금메달을 딴 선수 밥 리처드(Bob Richards)에게 기자가 다가가 1등 비결을 묻자, 그는 이렇게 대답했다.

"나는 1만 시간의 연습을 했다. 누구든 1만 시간의 노력을 기울인다면 어떤 일에서든지 전문가가 될 수 있다."

밥 리처드는 운동선수의 정신 상태를 연구하였는데, 우수한 선수는 결코 불가능을 생각하거나 말하지 않고 오직 목표에 대해서만 말한다.

베이징올림픽(2008년 여름)에서 소련의 엘레나 이신바예바 선수는 장대 높이 세계신기록을 세워서 많은 사람들의 찬사를 받았다. 세계신기록을 세웠다는 이야기에 언론은 그녀에게 '날으는 새'라는 별명을 붙여주었다. 기자가 세계신기록을 수립한 후 기록을 세운 비결에 대해 묻자, 이렇게 대답했다.

"나는 날마다 목표를 세워놓고 혹독한 훈련을 한다."

베스트셀러 《적극적 사고방식》이라는 책을 썼고, 매달 1천 600만 부를 발행하는 잡지 〈가이드포스트〉를 창간한 노만 빈센트 필(Norman Vincent Peale, 1898~1993) 박사는 늘 절망에 빠진 사람들에게 성공적인 삶을 사는 비결을 말해주었다. 그런데 그의 대답은 뭐 특별한 것이 아니었다.

"확고한 비전과 긍정적이고 적극적인 사고를 가져라."

이와 같이 최선을 다해서 노력하며 어려운 것을 해낼 수 있다고 굳게 믿고 좌절하지 않을 때, 더 나은 성과를 낼 수 있다. 한마디로 성공은 노력의 결과다.

이렇듯 모든 분야에서 성공한 사람들은 한결같이 훈련과 적극적인 사람들이었다.

세기 최대의 지혜 이야기

요행만을 기대했던 사람의 우스운 이야기가 있어 소개한다.

옛날 어떤 사람이 숲을 지나는데 산토끼 한 마리가 갑자기 튀어 나오다가 나무에 머리를 부딪혀서 죽는 장면을 보게 되었다. 그 후 그 사람은 그러한 요행이 또 일어날까 싶은 마음으로 그 나무 뒤에서 일 년 내내 아무런 수고 없이 토끼를 기다리고 있었다. 그 러나 토끼가 나무에 부딪혀 죽는 상황은 두 번 다시 일어나지 않 았다.

이렇게 최선의 노력은 하지 않고서, 무언가 요행만을 기다린다 면 성공은 나에게서 더 멀어질 수 밖에 없다.

다음의 이야기는 중국 고전 《장자(莊子)》에 나오는 이야기이다. 지혜가 뭔지를 명확하게 알려주고 있다.

한번은 왕이 이 세상에서 가장 지혜롭다고 하는 학자들을 모아 놓고는, 후세에 남을 세기 최대의 지혜를 모두 정리하여 책을 만 들라고 명령하였다. 이들은 왕에게 인사를 하고는 왕궁을 나와서 오랜 세월 동안 연구를 마쳤다. 마침내 피나는 노력 끝에 12권의 책으로 완성되었다. 이들에게 있어 이 책은 보물과도 같은 것이었 다.

왕은 이 12권의 책을 받아 들고는 감격하여 "아, 이것은 분명히 후세에 남을 보물이구나. 어서 보자.., 그러나 이 책은 너무 두꺼워 많은 사람들이 읽지 않을까 염려되니 간략하게 줄여오라."고 다시 명령했다. 그들은 머리를 맞대고 짜낸 끝에 단 한 권으로 압축할 수 있었다. 그러나 왕은 성에 안 차는지 그것을 또다시 줄여오라고 하였다. 그러자 그들은 대폭 줄여서 한 권의 책을 한 장으로 줄여왔다. 그러나 왕은 더 줄여오라고 명령했다. 그들은 한 장으로 줄였지만 다시 지혜를 짜내고 짜내 줄여서 마침내 가장 짤막한 한 문장으로 만들어 왔다. 그것이 바로 세기의 지혜다.

이는 도처에서 쓰게 되면 문제가 해결되고 성공하게 될 한마디라고 왕은 높이 평가했다.

그 한 문장은 바로, "공짜는 없다!"였다.

'핑계 없는 무덤은 없다'고 했다. 이유가 없는 게 있을까? 다 이유가 있다. 흔히 '공짜라면 양잿물도 마신다.'는 속담은 공짜를 좋아하는 행태를 비꼰 말이기도 하다.

결국 세상에는 공짜는 없듯 혹 공짜로 얻은 것은 결국 혹독한 대가를 요구한다. 그래서 성공은 처음부터 성실하고 최선을 다해야 얻을 수 있다는 것이다.

세상 어느 것 하나 저절로 얻어지는 것은 없다. 성공을 이루기 위해 수고를 거치고 대가를 치러야 하는 과정이 필요하다.

유대인 〈탈무드〉에 나오는 말이다.

"바다를 단번에 만들려 해서는 안 된다. 우선 냇물부터 만들어야 한다."

"성공은 하루아침에 이루어지지 않는다."

절름발이 노예 출신이라는 독특한 경력을 가지고 있는 철학자 에픽테토스(Epictetus, AD 55~135)는 노력의 중요성에 대해 다음과 같이 말한 적이 있다.

"어떠한 일도 갑자기 이루어지지 않는다. 한 알의 과일, 한 송이의 꽃도 그렇게 되지 않는다. 나무의 열매조차 금방 열리지 않는데, 하물며 인생의 열매를 노력도 하지 않고 조급하게 기다리는 것은 잘못이다."

송나라 주희(朱子 1130-1200)에 의해서 정리되고 유학 입문의 필독서가 된 〈중용中庸〉 제 15장에 보면 이런 말이 나온다.

行遠自邇章(행원자이장)

즉 "군자의 도는 비유컨대 먼 곳을 가려면 반드시 가까운 데로부터 하며, 높은 곳을 오르려면 반드시 낮은 데로부터 함과 같다."

그러니까 모든 위대한 성공은 어느 날 갑자기 하루아침에 이루어지지 않으며, 한 걸음 한 걸음 올라가야 한다는 의미이다. 그것도 가장 낮은 곳에서부터 시작해야 한다.

결국 열렬한 간절함과 혹독한 훈련 없이는 성공도 없다.

9

침노, 침투, 침략하는
세찬 목표 지향적 삶

20년 후, 당신은 했던 일보다
하지 않았던 일로 인해 실망할 것이다.
닻줄을 풀어라, 안전한 항구를 떠나 항해하라,
당신의 돛에 무역품을 가득 담아라.
그리고는 탐험하라, 꿈꾸라, 발견하라.

– 미국의 사상가 시인 '마크 트웨인'

말하는 대로 이루어진다

탈무드가 전하는 뼈있는 말 한마디

"

남의 입에서 나오는

말보다도

자기의 입에서 나오는 말을

잘 들어라

"

청년답다는 것

시도했던 모든 것이 물거품이 되었더라도
그것은 또 하나의 전진이기 때문에
나는 용기를 잃지 않는다.

– 토머스 에디슨

한 아메리카 인디언 부족에는 성인식을 맞이한 청년들에게 마을 원로들이 이런 말을 해주는 풍습이 있다고 한다.

"삶의 길을 가다 보면 커다란 웅덩이를 보게 될 것이다. 그땐 뛰어넘어라, 네가 생각하는 것만큼 넓진 않으리라."

신약성경 마태복음서에 보면 이렇게 말하고 있다.

"...지금까지 천국은 침노를 당하나니 침노하는 자는 빼앗느니라."(마 11:12)

이 말씀을 수동태로 해석하면 천국은 어떤 강한 힘(?)을 가진 사람에 의해서 정복되어 빼앗기는 것으로 이해된다. 그런데 여기서 '빼앗느니라'는 단어는 무엇을 얻기 위해서 젖 먹던 힘까지 짜내어 움켜잡는 것, 온 힘을 다 기울여 애쓴다는 것을 의미한다. 그러므로 청년답다는 것은 강한 신념을 갖고 열렬히 갈망하며 자신이 할 수 있는 모든 것을 다 해보고 시도하는 것을 의미한다.

먼저 스스로 아무것도 할 수 없다거나 무기력하다는 부정적인 생각을 떨쳐 버린다. 미래는 절대 현재와 같지 않으며 얼마든지 역전될 수 있음을 확신하여 행동한다. 그래서 역사상 큰 성공을 거둔 사람들의 한 가지 공통된 특징이 있는데, 바로 난관이 있거나 거절당해도 쉽게 물러서지 않았고 포기하지 않는 청년다움이었다.

한 예로 월트 디즈니(Walter Elias Disney 1901~1966)가 디즈니랜드(Disneyland)를 만들기 위한 첫 재정지원 약속을 받기까지 무려 302번이나 거절당했다. 그는 숱한 어려움에도 굴하지 않고 새로운 시도를 멈추지 않았으며 지속적으로 자신의 꿈을 키워나갔다. '도전할 수 없는 때가 두려울 뿐, 실패를 두려워하지 않겠다'는 게 그의 신념이었다.

월트 디즈니의 강한 신념이 있었기에 오늘날 세계 곳곳에서 큰 인기를 누리는 놀이공원 '디즈니랜드'가 탄생할 수 있었다.

호기심이 결국 발명의 시작인 셈이다.

천재 발명가이자 사업가인 토머스 에디슨(1847-1931)의 창의적 사고는 내가 닮고 싶은 인물이기도 하다. 그의 명언들 중에서 사람들 입에 가장 많이 회자되고 있는 다음의 명언들은 다른 명언들을 압도한다.

❝ 나는 낙담하지 않는다. 모든 잘못된 시도들은 앞으로 나아가는 걸음이기 때문이다.

❝ 천재는 99% 노력과 1%의 영감으로 이루어진다.

❝ 나는 실패하지 않았다. 단지 효과가 없는 만 가지 방법을 발견했을 뿐이다.

❝ 성공은 열심히 노력하며 기다리는 사람에게 찾아온다.

❝ 변명 중에서도 가장 어리석고 못난 변명은 "시간이 없어서…"라는 변명이다.

❝ 실패해도 절대 낙심하지 마라, 그것에서 배우라.

에디슨은 비록 정규 교육을 3개월 밖에 받지 못했지만 앞선 창의적 생각으로 전등과 축음기, 축전지 등 무려 1천 93종의 특허를 획득했다. 그는 미국의 시사 월간지 '라이프'지가 선정한 지난 1천 년의 세계사를 만든 100대 인물 중에서 1위를 차지했다.

토마스 에디슨은 어릴적부터 기업가정신의 자질을 갖고 있었다. 그는 불과 12세 때 기차에서 신문을 팔기 시작했다.

에디슨은 어린 시절 내내 불굴의 정신, 끊임없는 호기심, 다른 사람들이 역경으로 볼 때 기회를 보는 놀라운 능력을 가지고 있었다. 특히 발명에 대한 그의 독특한 접근 방식은 직관, 인내, 체계적인 연구 및 약간의 대담함이 혼합된 것이었다.

그의 창의적 정신은 결국 여러 영역을 빛나게 했으며, 경계를 초월하여 가장 혁신적인 창작물이 되었다.

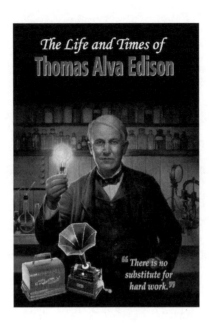

　이렇듯 청년답다는 것은 강한 신념을 갖고 자신의 꿈을 향해 나아가되 포기하지 않는 것이다. 수백 번을 실패해도 변명하지 않고 다시 준비하여 재도전하는 태도다. 어제보다 높은 것을 향한 동경이며 가치 있는 것에 대한 위대한 도전의 감격이다.

　그래서 청년다울 때의 삶은 들판 한 가운데 서 있는 한 그루의 나무처럼 곧고 단순하다. 더 멀리 앞을 향해 바라보며 어떤 상황에서도 흔들림은 있을지언정 끝내 버티고 나아가는 정신이다.

목표 지향적인 원대한 삶

젊음이란, 여러 유형이 있겠지만 절대 가능의 정신으로 보다 원대한 꿈을 품고 새로운 미지를 향해 도전할 때다. 힘들고 어렵다는 것을 알면서도 도전하는 것, 익숙한 것보다는 낯설고, 새로운 것에 부딪혀 본다.

반면 나이듦이란, 늘 편하고 익숙한 삶에 안주하며 다시 그 패턴에 갇혀 살 때다. 그런데 이 일상의 패턴에서는 그 어떤 새로운 도전도, 창의적 결과물도 얻어낼 수가 없다. 이유는, 현실에 주저앉아 새로운 것에 시도조차 하지 않는다. 어쩌면 새로운 기회를 포기하는 것과 같다.

혁명의 아이콘으로 불리는 애플의 창업가 스티브 잡스(Steve Jobs 1955-2011)는 언제나 새로운 모험적 삶을 살았다. 특히 미래의 불확실성을 기꺼이 받아들였고 주변의 시선 따위는 개의치 않았다. 때론 순리를 거스름으로써 치러야 하는 대가를 감수하였다. 그는 리드대학교(Reed College) 1학년을 6개월 정도 다니다가 그만 자퇴를 결심한다. 그리고는 자신이 가장 관심 있는 과목을 청강생으로 참석하여 실용적인 학문을 배우게 된다. 일찍이 잡스가 남긴 한 글귀가 내 가슴을 파고 들었다.

> **"만일 소크라테스와 점심식사를 할 수 있다면**
> **우리 회사가 가진 모든 기술을 그와 바꾸겠다."**

스티브 잡스는 늘 책과 사색을 즐겼고, 고전 철학의 원천을 찾아 자신의 비즈니스에 적용했다. 그는 창의적 사색을 통해 남들과 다르게 생각했다. 그 결과 기존에 없던 창조적 아이디어로 세상을 뒤흔들어 버린 아이폰을 만들어 낸다.

잡스는 2011년 10월 5일 향년 56세의 나이로 사망했다. 그가 죽음을 맞이하던 병상에서 자신의 지난 과거를 회상하며 마지막으로 남겼던 메시지의 일부분이다.

그건 돈 버는 일보다는 더 중요한 뭔가가 되어야 한다.
그건 인간관계가 될 수 있고, 예술일 수도 있으며
어린 시절부터 가졌던 꿈일 수도 있다.
그런데 쉬지 않고 돈 버는 일에만 몰두하다 보면
결과적으로 비뚤어진 인간이 될 수밖에 없다. 바로 나같이 말이다.

스티브 잡스는 짧은 삶이었지만 통찰적 자세로 다른 관점을 갖고 삶을 진지하게 대했다. 결국 그는 진정한 삶을 이긴 사람이었다.

어느 시대나 성공하는데 매우 유리한 요인들이 있다. 그 중에 하나가 바로 원대한 꿈을 품는 것이다. 이렇듯 확고한 꿈을 품은 자가 강한 신념을 믿고 앞으로 나아가면 그대로 성취하게 된다.

미국 템플대학(Temple University) 설립자 러셀 코웰(Russell H. Conwell, 1843-1925) 박사는 변호사 겸 목사로 활동하였다.

미국에서 백만장자로 성공한 4,043명을 대상으로 성공한 요인을 조사하였다. 그 결과 아주 흥미로운 공통점 두 가지를 발견했다.

하나는 성공하는데 학벌은 그리 중요하지 않다는 것이고,

다른 하나는 성공한 사람들에게는 세 가지 분명한 철학이 있었다.

1. 목적이 아주 분명했다.
2. 그 목표를 위해서 최선을 다했다.
3. 자신의 무능과 무식을 통감하고 하나님께 기도했다.

이처럼 성공하는 삶이란 확고한 목적이 이끄는 삶이다. 현재에 닥친 여러 어려움에도 불구하고 도전하는 삶을 살아간다. 계속하여 목표를 향해 새로운 도전과 모험을 선택하며 즐긴다.

반란자의 사명의식

나에게 예술은 파괴의 모음이다.

나는 그린다. 그리고 파괴한다.

화가가 틀에 갇힐 때, 그것은 곧 죽음을 의미한다.

– 파블로 피카소

지금 자신의 가슴에 손을 얹어 보며 '앗 뜨거워!'라고 말할 수 있는 큰 뜻을 품고 있는지. 그래서 긍정의 반란자의 가슴은 늘 뜨겁다. 큰 뜻을 세웠고 미래를 품고 있기에 뜨거울 수밖에 없다.

한 기자가 초특급 성공을 거둔 인물 200명 이상을 인터뷰하면서 알게 된 것을 밝혔다. 그것은 다름 아닌 '자신이 하는 일을 좋아해 몰입한다'는 것.[5] 세계적 컨설팅 회사인 베인앤컴퍼니의 분석 결과를 보면, 10년 이상 높은 성장을 유지하는 기업의 공통점은 혁신을 유지한다는 데 있었다. 그런데 창업가정신(혁신)에서 가장 중요한 것은 '반란자의 사명의식'이다.

성공을 이루기 위해서는 때론 반란자의 사명의식도 필요하다. 즉 자신의 낡고 정체된 생활을 당연시하는 관행들을 그냥 넘어가서는 안 된다. 분노하듯 열렬히 적극적으로 나서서 더이상 존재하지 못하도록 부셔버린다. 만약 당신이 그런 마음을 먹고 구성원들

5 말콤 글래드웰, 《그릿》, 역 김미정, 비즈니스북스.

과 대화를 나누었다면 이미 반란자다.

전통의 사슬과 낡은 족쇄에 갇혔던 것들은 이런 반란자를 통해 부셔져버리고 새로운 창조가 만들어진다. 흔히 고여 있는 한자리에 오래 머물지 않아야 한다고 하듯, 반란자의 사명의식은 성공하는데 매우 소중한 자산이다.

이 세상에 불변의 성공 비결이란 것이 있다면, 그것은 타인의 관점에서 볼 줄 아는 통찰력 일 것이다.

미국 노드스트롬(Nordstrom) 백화점의 성공 이야기는 꽤 유명하다. 분명 다른 백화점들과는 차이가 있다. 한마디로 고객지향적 관점(view point)을 갖고 기존의 고객을 대하는 생각을 초월하는 감동 서비스를 제공했다.

혁신의 아이콘 스티브 잡스는 자신의 기술에 창의적 사색을 적용하여 가장 위대한 스마트폰을 만들었고, 그 기기는 세상의 삶을 바꾸었다. 이는 단순히 돈을 벌 상품을 만드는 것이 아닌, 사람들의 숨은 욕구를 볼 수 있었던 그의 혜안 덕분이었다.

고전에 취하기

다양한 책 읽기를 좋아했던 독일 물리학자 알베르트 아인슈타인(Albert Einstein, 1879~1955)은 위대한 말을 남겼다.

"나는 술 대신 고전에 취하겠다."

26살의 아인슈타인은 'E=mc²'(작은 물질에도 막대한 에너지가 감추어 있다)이라는 놀라운 공식을 발견함으로써 뉴턴의 고전 물리학을 대체하게 된다.

아인슈타인의 학생 시절을 보면, 모든 면에서 너무 느렸고 산만함과 불성실한 수업 태도 때문에 친구들로부터 놀림을 받았고, 선생님마저 문제아로 취급할 정도였다. 결국 퇴학을 당했고 대학 입학시험에도 낙방했다. 늦게 대학에 들어갔지만 일자리조차 얻지 못했다. 누가 봐도 특별한 구석이라고는 찾아볼 수 없는 학생이었다. 뛰어난 천재도 아니었다. 그런데 그에게서 별난 한 가지를 꼽자면, 인문고전을 열렬히 사랑하여 독서를 즐겼다.

결국 발상의 전환을 통해 새로운 특수 상대성이론을 개발하게 된다. 그의 창조성을 드러낸 '특수 상대성이론'은 20세기 가장 위대한 업적이었다.

사실 창조성은 흥미(관심, 호기심)로부터 시작된다.

물체, 사건, 과정 등에 이끌리는 정서나 감정으로, 어떤 것에 대해 깊은 관심을 가지게 되는 것을 의미한다. 흔히 '흥미'(Interest)라는 단어는 라틴어의 '사이(inter)'와 '존재(esse)'에서 유래한 것으로, '무엇의 중간에 있다'는 의미이다. 즉 뭔가 다른 차이가 있다는 것이다.

묻겠다. "당신은, 유대인의 성공 비결을 무엇이라 알고 있는가?" 나의 경우, 그들의 남다른 관점에 있었다고 본다. 궁금한 것에 질문하고 대화하고 토론하고 논쟁하는 모든 일련의 활동에서 비롯되었다고 본다.

유대인 부모는 자녀들을 무조건 전통적 순리대로 따르도록 가르치지 않는다. 자녀들 스스로 하여금 기존의 관점이 아닌 다른 관점으로 바라보고 생각하며, 특히 궁금한 것은 연구와 질문을 하게 하고, 상호 토론을 통해 생각을 키워준다. 그래서 한 교실에 100명의 학생이 있다면, 100명의 질문과 답이 각기 다 달라야 하고, 직업 진로 역시 100명이 다 달라야 한다고 가르친다. 또 유대인 부모는 아이마다 태어날 때부터 가지고 있는 재능이 있다고 믿고, 그 역량을 발굴하도록 묻는다.

그 이유인즉 창조주 하나님은 사람들마다 각각 다르게 창조했다는 것을 잘 알고 있기 때문이다. 사람마다 다른 달란트, 즉 재능을 가지고 태어난다는 것을 말이다.

갤럽조사에 따르면, 성인의 3분의 2 이상이 자신이 하고 있는 업무에 몰두하지 못하며, 그들은 기회가 주어지면 다른 직업으로 옮겨 몰두하고 싶다고 한다.

이 조사 결과는 자신의 재능에 따라 진로를 결정하지 않았기에 업무에 대한 열정이 식어버린 것이다. 그래서 하는 일에 대한 흥미는 우리 심장의 반란자이다. 이는 자신이 택한 것에 초집중하고 몰입하게 만든다.

그러므로 누구든 크게 성공하고자 한다면, 자신이 선택한 것에 흥미를 갖고 초집중해야 한다.

세찬 공격수가 적격

당신이 상상할 수 있는
모든 것이 바로 현실이다.

– 파블로 피카소

꽤 긴 경기침체와 불경기, 불황 등 경제적인 어려움 가운데, 이를 이기기 위해서는 지금 세찬 공격수가 절실히 필요하다. 그동안 방어적인 수비수에만 치중했다면 이젠 공격수로 위치를 바꾸어 예리한 전략을 세워 공격해야 한다. 다 알다시피 공격수는 앉아서 기다리는 사람이 아닌 전략을 세워 적극적이며 생산적이고 진취적이되, 모험심도 가득 차 있어야 한다. 그래야 앞질러 나아갈 수 있기 때문이다. 어쩜 이번에는 당신이 공격수로 적격일 수 있다.

특히 이 지침서는 소심하고 내성적이며 우유부단한 사람들, 두려워서 한 번도 공격수로 나서보지 못한 사람들, 그리고 꿈이 작고 비전이 냉랭한 사람들에게 절호의 공격수로 나설 기회가 될 수도 있을 것이다. 게다가 단 한 번도 행운을 잡지 못했던 사람들의 인생이 행운을 옴 붙게 될 것이다.

그래서 창조가들의 특징은 오늘이 마지막 날인 것처럼 최선을 다해 공격적이며 진지하게 하루하루를 산다. 이러한 세찬 공격수로 성공한 인물을 소개하고자 한다.

세계적 프랜차이즈 기업 켄터키 후라이드 치킨(KFC) 창업주 커넬 할랜드 샌더스(Colonel Sanders 1890~1980)의 이야기는 매우 유명하다. 그는 65세 때 맨손으로 창업하였고, 어려움과 실패는 무려 1,010번 만에 첫 가맹점을 오픈하게 된다. 그의 성공 비결은 한마디로 끝까지 포기하지 않고 세찬 공격적인 자세가 있었기에 행운이 따랐다.

그렇다. 샌더스는 얼마든지 은퇴 후 사회가 주는 노후보장 연금을 통해 편안하게 살 수 있었다. 그러나 그는 어머니로부터 배운 닭 튀기는 요리를 취미로 삼아 트럭을 개조하여 닭튀김을 파는 장사를 시작한다. 샌더스는 환갑이 넘은 나이에 미국 남부의 식당과 주유소를 찾아다니며 자신만의 치킨 요리비법을 팔았다. 수개월간 수천 마일을 자동차로 헤매고 다녔고, 길거리에 보이는 모든 식당에 들어가 혹시 자신의 치킨 요리를 살 용의가 있는지 물어보았지만 모두 거절당했다. 경제적 어려움으로 여인숙에 들어갈 비용도 없어 차에서 잔 날이 부지기수였다.

결국 한 식당 주인이 자신 앞에서 닭 요리를 시연할 기회를 주었고, 세찬 공격적 세일즈로 경영하여 전 세계 121개국에 3만개가 넘는 점포를 가진 다국적 기업으로 성장하였다.

나는 샌더스가 아주 뛰어난 닭튀김 요리사였기 때문에 3만개의 가맹점을 거느린 KFC가 만들어졌다고 생각하지 않는다. 그는 전문 경영인도 아니었다. 단지 어떤 환경에서든 실패를 몰랐고 끈기 있게 끊임없이 도전적이며 실패를 모르는 세찬 공격수였기에 가능했다고 생각한다.

사람마다 성공과 실패에 대한 정의가 다를 수 있다.

나의 성공학 정의는 포기하지 않고 세찬 공격수가 되며, 쉽게 포기하지 않는 것이라 생각한다. 그래서 실패의 85퍼센트는 중도 하차, 또는 성공 문턱에서 포기해버린다. 그러나 성공은 최악의 상황과 벼랑 끝에서조차 포기하지 않았기 때문에 가능했다.

그러므로 성공 비결이라고 해서 뭐 특별한 것이 아니라, 반드시 '할 수 있다'는 긍정의 도전 정신과 거기에 따른 적극적인 세찬 공격적 태도가 만들어 내는 기회다.

공자의 주도적인 삶

고대 동양 철학의 대가로 불리는 공자(孔子)는 중국 역사상 사회 혼란이 가장 극심했던 춘추전국시대(기원전 770~403)에 태어났다. 그는 16살 처녀와 예순네 살(64)의 노인이 동거하여 낳은 아이였다. 더욱이 어머니는 세 번째 부인이었다. 몰락한 군인이었던 아버지는 공자를 낳고 3년 만에 세상을 떠났고, 홀어머니는 여러 잡일로 공자를 먹여 살렸다.

공자가 17살 되던 해 어머니마저 세상을 떠나자 고아 신세가 되었고, 천하를 돌아다니며 거칠고 힘든 생활을 하였다.

공자는 회고하기를 "나는 어린 시절 가난하고 비천하여 먹고살기 위해 이런저런 일을 많이 했다." 라고 하였다.

그러던 중 자신의 처지를 발견한 공자는 조용한 시골 마을에 들어가 학문을 즐기게 된다. 그리고 먼 데서 자신을 찾아오는 선비들을 맞이하여 배움을 나누게 된다.

공자는 관리 자리까지 올라가지만 결국 권력에서 밀려나 타국에서 14년간의 유랑 생활을 하였다. 68세에 고국 노(魯)나라에 돌아와서는 가르치는 일로 여생을 보낸다. 그렇게 약 3,000명의 제자와 72명의 수석 제자들이 공자를 따랐다.

공자의 삶은 곤경과 가난의 삶이었지만 자신의 처한 환경에 좌절하지 않고 주도적인 삶을 살았다. 그는 결국 가장 유명하고 인기 있는 사상가 중 한 명이 되었고 제자들은 스승의 가르침을 〈논어〉로 편찬하게 된다.

공자의 성취는 군자(君子)라고 하는 새로운 인간형을 창조하는 데 목표를 둔 삶이었다. 그리고 어질 인(仁)의 삶을 추구했다.

최고를 지향하는 자세

다음의 글귀는 최고의 부자로 불리는 빌 게이츠의 명언이다.

"자신을 그 누구와도 비교하지 마라, 자기 자신을 모욕하는 행동이다"

"햄버거 가게에서 일하는 것을 수치스럽게 생각하지 마라. 그 일을 기회라고 생각하라."

한 기자가 티베트의 정신적인 지도자 달라이 라마(Dalai-Lama, 1935~)에게 물었다.

"선생님은 많은 사람들에게 큰 영향력을 끼친 요인이 무엇입니까?"

달라이 라마는 이렇게 대답했다.

"저는 사람을 만났을 때 딱 두 가지만 생각합니다.

하나는, 저 사람에게 내가 배울 점이 무엇인가?

두 번째는, 그리고 어떻게 하면 저 사람을 도와줄 수 있을까?"

세상에는 크게 두 부류의 사람이 있다고 한다.

'된다'는 사람과 '안 된다'는 사람. 여기서 '안 된다'는 사람들의 공통된 실패의 원인을 보면 타인이나 환경, 여건, 팔자 탓으로 돌린다는 것이다. 그런데 이들이 성공으로 갈아타려면 우선 긍정적인 생각으로 전환해야 한다. 이를테면 부정, 절망, 불가능을 절대 긍정, 주도적인 삶으로 전환해야 한다. 이때부터 돈, 사람, 성공의 행운이 따르기 시작한다. 하는 일마다 잘 풀리게 된다.

★ 혹 우리는 쉽게 '안 된다' '할 수 없다' '못 한다' 등 부정적인 생각에 사로잡혀 허우적거리고 있지 않은지?
★ 고정관념에 막혀 여전히 그릇된 습성을 갖고는 있지 않은지?
★ 아직도 험담하고 비평하기를 좋아하지는 않은지?

보통 사람들은 하루 5만 가지 생각을 하는데, 이들 생각의 70%가 부정적이다. 게다가 사람들이 듣는 말도 75% 이상이 부정적인 것들이라고 한다. 따라서 앞으로 보고 듣고 생각하는 것을 긍정적으로 바꾸지 않으면 새로운 성공의 기회를 놓칠 수밖에 없다. 부가 따르지 않는다.

성공학자로 말하건대 매사 긍정이고 주도적인 삶으로 리드하는 사람들이 더 잘될 것이다. 행운은 매사 나에게 '행운이 오고 있는 게 틀림없어'라고 믿는 사람, '부는 내 편이다', '할 수 있다'는 자신감을 가진 사람에게 기회를 준다. 또한 성공의 싹이 보이는 사람은 그 기회를 거머쥔다. 그러나 '난 못 해' '난 지금 상태로는 부족해' 등 부정적인 생각과 태도를 취하는 사람에게는 기회가 온다할지라도 거머쥘 수가 없다. 왜냐면 부의 운은 긍정적인 사람의 편이기 때문이다.

10

부를 끌어당기는 비밀

'나도 할 수 있다'는 긍정적인 태도를 가진 아이는

학교생활에도 잘 적응하고 성적도 좋다.

– 연구 결과

말하는 대로 이루어진다

시총 4000억 달러 클럽, 중국 굴지의 상징

마윈의 한마디

"

곧 세계가 알리바바의

이름을 기억할 것이다.

"

잠재적 능력 사용하기

나는 '장애에도 불구하고'가 아니라
'장애를 통하여' 승리했다.

– 강영우 박사

"인간 발달은 자궁에서부터 무덤에 갈 때까지 이루어진다"라고 말한 미국의 정신분석자 에릭 에릭슨(Erickson, 1904~1994)은 성격발달 이론의 창시자이다. 그의 뇌 연구에 따르면 인간은 자신의 뇌 능력을 적게는 3%, 많게는 10%도 제대로 쓰지도 못하고 살다가 죽는다고 한다. 그래서 천재 아인슈타인도 고작 자신의 두뇌능력을 7% 정도만 썼다고 하지 않은가?

보통 사람들은 한평생 자신의 잠재된 능력과 무한한 가능성을 고작 10%도 써보지도 못하고 살다가 죽는다. 또한 자신의 내면에 무한한 능력이 들어있다는 사실조차 모른다. 그 능력을 깨워 멋지게 사용해보려고도 하지 않는다. 그런데 놀라운 사실은 내 안에 잠재된 능력으로 얼마든지 내 운명을 바꿀 수 있다. 더 좋은 운명으로 말이다.

우스운 실험을 하나를 소개하고자 한다.

평상시는 100미터 기록이 빨라야 16초, 현재는 20초 정도인 사람이 있었다. 그런데 한번은 식당에서 맛있게 밥을 먹다가 갑자기 "불이야! 불이 났다, 빨리 빠져나가야 한다."는 소리를 듣자, 그때 밥을 먹던 그 사람의 100미터 기록을 확인해보니 무려 11초 였다고 한다.

그렇다면 그 엄청난 스피드 11초 능력은 어떻게 존재했던 것인 가? 이는 외부에서 온 것이 아니라 이미 내 안에 내재 된 능력이 었다. 내 안에 사용하지 않았던 초인적 능력이 발휘된 것뿐이다.

이렇듯 우리의 초인적 능력은 밖에 있지 않고 언제나 우리 안에 있음을 발견해야 한다. 바로 구태적 편견과 고정관념을 타파해야 변화와 성장을 누릴 수 있다. 낡고 녹슨 잠재력과 잠자고 있는 능 력을 깨워서 새롭게 키울 수 있어야 한다.

한계에 도전하는 삶

색을 볼 수 없지만 들을 수 있는 화가 닐 하비슨(Neil Harbisson, 1984-아일랜드). 그는 세계 최초의 법적 사이보그 아티스트이다. 11살 때 완전한 색맹 판정으로 그에게 보이는 것은 온통 흑백으로 가득 찬 세상뿐이었다. 불가능한 상황에서도 꿈을 향해 미술 대학에 입학하였다. 그는 2003년 인공지능학 교수 지나 아담(Gina Adam)을 만나면서 새로운 삶을 살게 된다.

닐 하비슨은 섬세한 청각과 기술이 만나 탄생한 색상 탐지기계인 사이보그를 만든다. '사이보그'는 색상별 고유의 파장을 주파수로 변화해 인식할 수 있도록 해주는 기계이다. 그는 수많은 시행착오와 피나는 연습을 통해 360가지 색의 고유 주파수를 기억하게 된다. 그의 사이보그 안테나는 색상 인식을 확장하기 위해 만들어진 감각 시스템이다. 이 기술로 새로운 감각을 창조했다. 이러한 성과는 그의 꿈을 향한 집념의 결과로써 현재 세계 최초의 색맹화가로 활동하고 있다. 닐 하비슨은 이렇게 말했다.

"한계란 없다. 도전하는 자에겐 언제나 열릴 것이다."

세계 최초 사이보그 예술가
하비슨(Harbisson)의
소노크로매틱 회화(레코드)

인생을 살다 보면 많은 장애물들을 만나게 된다. 그러나 역경은 많을지라도 한계는 없다. 지금 당장 도전해 보라. 누구나 한계를 넘어 자신의 꿈을 펼칠 수 있는 능력이 이미 잠재되어 있음을 발견하게 될 것이다.

오늘도 그 열렬한 잠재력을 발휘하기 위해 앞으로 나아가기를 바란다.

한번은 어느 학원 입구에 붙어있는 한마디가 나의 눈길을 끌었다. "Impossible? I'm possible."

이는 아디다스 광고의 문구로 익숙한 말이었다.

"I'm possible is nothing(이 정도는 아무것도 아니겠죠)."

'불가능'이라는 영어단어 '임파서블(Impossible)'에 컴마(') 하나만 옮기면 '암 파시블(I'm possible)' 즉 '나는 할 수 있다.'라는 의미로 바뀐다.

그렇다. 얼마든지 컴마(') 하나만 바꿔도, 노력한다면 불가능(Impossible)은 곧 가능(I'm possible)이 될 수 있다.

운의 기회를 불러들이기

이미지 출처; 위키백과 2012년 모습

세계에서 가장 나이 많은 모델로 활동하고 있는 사람은 누굴까? 그녀는 한 인터뷰에서 끊임없는 활동 비결에 대해 "우리는 매일 성장한다. 끝날 때까지 끝난 게 아니다. 어제로부터 무언가를 배우고 끊임없이 나를 변화시킨다"고 답변했다..

자신의 단점을 살려 성공한 열정의 최고령 패션 모델 카르멘 델로피체(Carmen DellOrefice, 1931~)는 아흔을 넘긴 나이에도 여전히 활기찬 모습을 보이고 있으며, 주름진 얼굴을 통해 그만의 고혹적인 매력을 발산한다.

그녀는 1931년 미국 출생으로 15세에 '보그' 표지 모델로 발탁되어 롤렉스, 샤넬 등 종횡무진 활약하였다. 평생 철저한 자기관리로 아름다움을 더욱 빛을 발하게 되었다. 사람들은 아름다운 그녀를 부러워했다. 사실 그녀의 삶은 순탄하지만은 않았다. 어린 시절 부모님의 이혼으로 생계를 유지하기 위해 재봉 일을 했을 정도였다.

그렇다. 앞으로 나이나 환경은 꿈을 펼치는 데는 문제가 되지 않는다. 젊음이 생명인 패션 모델계에서 카르멘 델로피체에게 나이는 결코 장애가 아니라 숫자에 불과했다.

그녀가 기네스가 인정한 최고령, 최장기 모델이 될 수 있었던 것은 바로 자신이 하는 일을 너무나 사랑했기 때문이다.

다음은 그녀의 명언들이다.

"그냥 내 일을 즐기고, 내가 할 수 있는 일을 할 뿐이죠."
"나이는 나를 더 아름답게 하는 향수다."
"나이가 들어서 열정이 사라지는 것이 아니라, 열정이 사라져서 나이가 든다."

이렇듯 그녀가 젊음의 자기관리 첫 번째 비밀은 바로 긍정적인 마인드였다. 자신의 환경에서 일어나는 많은 어려움 속에서도 절망하지 않았으며 현재의 나이를 잊고 사는 열정적인 태도가 무엇보다 중요했다.

난 다시 한번 카르멘 델로피체 패션 모델을 살펴보면서 절대 우연한 성공은 없다는 것과 나이는 숫자에 불과하다는 것을 재확인할 수 있었다. 그녀는 땀 흘려 노력함으로써 운의 기회를 불러들였다. 그 운을 잡기 위해 맹렬히 의지를 불태웠다.

다음의 말은 어쩌면 카르멘 델로피체가 우리에게 던져주는 말일 수 있다.

"운은 열렬히 자신이 좋아하는 일을 하고 있는지에 달려있다."

New You 잡지의 표지 모델, 카르멘 델로피체

그녀의 외모 비결은 식단 조절과 하루 7-8시간의 충분한 수면, 편안한 마음 관리였다. 건강과 몸매 관리로는 기상 후 가볍게 물 한잔을 마신 다음, 침대에서 충분히 스트레칭을 진행한다. 식사로는 달걀과 과일, 채소 등이 포함된 아침 식사를 즐긴다. 아울러 젊을 때부터 소식을 실천했다. 특히 근육 유지를 위해 살코기 위주의 단백질을 섭취했고 꾸준히 운동을 진행했다.

가능의 운이 붙게하기

영국의 심리학자 J. 하드필드 박사는 자신감에 대한 연구에서, 자기 자신에게 "넌 틀렸어!", "이젠 끝났어!", "실패작이야!"라며 좌절할 때 자기 능력의 30%도 발휘할 수 없다고 한다. 반대로 "넌 할 수 있어!", "넌 특별한 사람이야!", "최고가 될 수 있어!"라며 자신감을 가질 때 실제 능력의 150%까지도 발휘할 수 있다고 한다.

그러므로 우리는 좋을 때나 나쁠 때조차 긍정의 신념을 자신에게 지속적으로 들려주어야 한다. 이것이 운 좋은 사람들의 운이 옴 붙게 하는 비밀이다.

미국의 유명한 저술가 맥스 루케이도(Max Lucado, 1995~)는 이렇게 말했다.

"여러분 삶 가운데 두 가지 목소리가 있는데, 부정적인 목소리는 여러분의 생각을 의심과 원망, 그리고 두려움으로 가득 채우지만, 긍정적인 목소리는 소망과 힘으로 가득 채운다."

실로 생각과 쓰는 말을 부정적으로 하면 자신과 듣는 사람에게는 굉장한 타격을 주지만, 생각과 말을 긍정적으로 사용하면 창조적으로 작용한다. 그래서 일상에서 가장 중요한 태도는 절대 긍정적이며 창조적인 언품(言品)이다.

앞으로 어떤 시련과 어려움이 있다 할지라도 '넘을 수 있다', '할 수 있다', '하면 된다', '해보자' 등 긍정적인 태도를 가지고 가능을 기대하면, 반드시 삶에 창조의 역사가 일어나며 더 잘 되는 삶으로 펼쳐질 것이다.

자세히 봐라. 지금 환경의 변화가 일어나고 있지 않은가.

초(超)긍정의 여유

　세계적인 베스트셀러인 '초우량기업의 조건'의 저자이자 경영 컨설턴트인 톰 피터스는 시간당 10만 달러(약 1억2,000만원)를 벌어들이는 것으로 유명하다.

　톰 피터스(Tom Peters 1942~, 미국)는 1시간의 강연을 위해 36시간의 연구와 준비를 쏟는다. 이 말은 최상의 품질과 몸값을 내기 위해 엄청난 시간을 쓴다는 의미이다. 그 결과 그는 콘퍼런스에 한 번 참석할 때 수억 원의 강연료를 받는 사람이 되었다.

　앞으로 어떤 분야에서건 남다른 존재가 되려면 타고난 재능에 상관없이 많은 시간의 공을 들이고 숙달시켜야 한다. 지속적으로 노력하여 나만의 차별화된 가치를 만들어 내야 한다. 여기엔 강한 변화와 혁신이 따른다.

　흑인의 아버지 넬슨 만델라(1918~2013, 남아공 최초의 흑인대통령, 인권운동가, 노벨 평화상)를 많은 사람들이 좋아하는 이유는 각기 다르겠지만, 나는 그의 절대 긍정의 생각과 여유있는 웃음을 좋아한다. 그는 웃을 수 없는 상황인데도 초(超)긍정의 여유를 갖고서는, 이를 들어 내고 밝게 웃는다. 그의 대통령 취임사 연설의 일부를 기억하고 있어 나누고자 한다.

　"우리의 가장 깊은 두려움은, 우리를 위협하는 어둠이 아닙니다. 움츠려 들어서는, 뒷걸음질 치는 것은 옳지 못한 일입니다."

"눈에 보이고 의사가 고칠 수 있는 상처보다, 보이지 않는 상처가 훨씬 아픕니다."

"나 스스로가 변화를 거부하면서 어떻게 국민들이 변하길 바라겠습니까?"

"나는 용기란 두려움이 없는 것이 아니라 두려움을 이겨내는 것임을 깨달았다."

넬슨 만델라는 1962년 8월 5일 반역죄로 체포되고 1964년 무기 징역을 선고받았으나, 27년 만인 1990년 2월 11일에 출소했다. 흑인 최초의 대통령이 되었지만 복수가 아닌 용서와 화합으로 승리했다. 만델라는 자신의 삶에 부정적이고 억울한 사건이 더 많았음에도 불구하고 자신의 삶에 더 큰 만족을 표했고, 더 강한 목적의식을 지니고 있었다.

성공하고 싶은 분들이 가장 힘들 때는 어려울 때가 아니라 용기를 내야 할 때이다. 전 미국 최초의 흑인 대통령인 버락 오바마 대통령도 한 강연에서 이렇게 말했다.

"우리는 오늘 지구상에서 가장 영향력 있고 용기 있으며 매우 선한 인물 한 명을 잃었다. '만델라'라는 스승이 없는 내 인생은 도저히 상상할 수 없다."

실로 초(超)긍정의 여유를 지닌 넬슨 만델라는 다음의 말을 마지막으로 남겼다.

"나는, 용기는 두려움의 결핍이 아니라, 두려움에 대한 승리임을 배웠다. 용기 있는 사람은 두려움을 느끼지 않는 사람이 아니라, 두려움을 정복하고 압도하여 뛰어넘는 사람이다."

세계 최대 헤지펀드 브리지워터(Bridgewater Associates)의 억만장자 창립자 레이 달리오(Ray Dalio)는 여러 면에서 사뭇 생각이 달랐다. 그가 승승장구한 비결은 바로 독창적인 아이디어의 표현을 장려하는 데 있었다.

그는 투자 세계에서 돈을 벌 수 있는 유일한 방법으로 다른 사람들과는 달리 생각하고 표현하는 것, 직원들이 당당하게 자기 의견을 말하는지 여부로 평가했다. 그는 사내의 모든 직원에게 색다른 의견을 제시하라고 장려함으로써 다수의 의견에 순응하기보다 독자적인 의견을 서로 주고받는다. 아무도 생각하지 못했던 투자 결정을 내리고 누구도 쉽게 포착하지 못했던 것을 포착한다.

그의 성공 원칙은 "비판적인 의견을 지닐 자격이 있으려면 당당하게 의견을 말할 줄 알아야 한다."는 기준을 두었다.

레이 달리오의 관점은 매우 유용했다. 그가 큰 성공을 거둘 수 있었던 이면에는 색다른 생각, 괴이한 제안, 그리고 특별한 아이디어를 기꺼이 즐기려고 했다. 누구든 괴짜 생각을 소중하게 들어주었다. 그리고 자신의 실수를 인정하고, 바로 잡는 그의 의지 덕분이었다.

이것이 그의 성공 원칙이기도 하다.

성공철학의 거장 나폴레온 힐은 부자가 되려는 사람들을 위해 부의 비밀을 이렇게 전했다.

"생각하라 그리고 부자가 되어라."

즉 가난과 부는 모두 생각에서 나온다는 의미이다.

또 애플의 창업주 스티브 잡스는 "남들과 다르게 생각하는 것, 최대한 독립적으로 사고하는 것."

이것이 바로 성공의 비밀이라고 하였다.

성공의 원칙

"최대한 독립적으로 생각하라."
"당당하게 자신의 의견을 주장한다."
"색다른 의견을 제시한다."

생존의 절박감

어느 운송업체가 북해에서 잡은 청어를 산 채로 런던으로 운송해 달라는 주문을 받았다. 대부분의 청어가 운송 도중 죽어 신선도가 떨어지므로 산 채로 운송을 해야 제값을 받을 수 있었기 때문에 운송업체로서는 고민이 이만저만이 아니었다. 그러나 그 업체는 결과적으로 역발상 아이디어를 통해 산 채로 청어를 운반하여 톡톡히 재미를 보았다.

그 운송 비결은 바로 청어에게 절박감을 부여한 상황설정에 있었다. 청어를 운반하는 용기에 메기 두 마리를 넣은 것이었다. 청어를 잡아먹으려는 메기를 피해 기를 쓰고 도망 다닌 청어들은 목적지까지 팔팔하게 생명을 유지할 수 있었다. 메기가 잡아먹은 청어는 고작 두 마리에 불과했다.

이렇듯 생존의 절박감은 놓여있는 상황에서 최선의 방법을 찾아내어 생존을 유지한다. 그래서 질경이는 비옥한 땅보다는 척박한 땅을 골라 뿌리를 내려 살아남는다.

이처럼 절박함은 한계를 기회로 바꿔 비옥한 삶으로 이어간다.

장 레옹 제롬(Jean-Leon Gerome)의 작품 〈순교자들의 마지막 기도(The Christian Martyr's Last Prayer)〉를 보면, 신앙인들이 맹수의 공격에 앞서 마지막까지 기도하는 모습이 인상적이다. 로마 시대에 극심한 탄압에 저항해 신앙을 지키고자 했던 사람들은 빛 하나 들어오지 않는 카타콤의 지하 동굴에서 평생을 살았다. 붙잡혀온 신앙인들은 로마의 원형 콜로세움 경기장에서 공개적으로 사자의 밥이 되었다. 이런 방식으로 처형시켰다.

신고전주의 화가 '장 레옹 제롬'(프랑스, Jean-Leon Gerome, 1824~1904),
〈순교자들의 마지막 기도〉, 1883,
미국 볼티모어시 월터스미술관(The Walters Art Gallery, Baltimora)

당시 로마의 네로 황제는 어두운 밤의 횃불 삼아 기독교도들을 십자가에 단단히 매어 놓고 불을 지피기도 했다.

네로 황제는 마부 옷을 입고 군중에 섞여들어 이러한 장관을 감상했다.

헨릭 세미라드즈키(Henryk Siemiradzki), '네로의 횃불'(The Torches of Nero),
1882년 작, 개인 소장

이러한 로마의 핍박에도 생존의 절박감으로 유대인들은 끝까지 살아남았다. 소수라도 설령 나 혼자 남았다 할지라도 강인함을 유지하는 것이 중요하다.

미국의 문화 인류학자 마거릿 미드(Margaret Mead, 1901~1978)의 말을 빌리자면,

"사려 깊은 소수의 시민들이 세상을 바꿀 수 있다는 사실을 의심하지 말라. 실제로 세상을 바꾼 사람들은 소수의 시민들이다."

하버드 대학교 존 코터 교수는 중요한 변화를 도입하려고 애쓰는 100여 개 기업들을 조사했는데, 이 기업들이 가장 첫 번째로 하는 실수가 절박감(Urgency 위기의식)을 조성하는 데 실패했다는 점이었다.

이렇듯 절박감이란 '여기서 더 이상 물러날 곳이 없다'는 자세

를 의미한다. 조사 대상 기업들 가운데 50% 이상이 변화가 필요했다. 그 변화는 당장 일어나야 한다고 하였다.

존 코터 교수는 다음과 같이 결론을 냈다.

"사람들은 절박감을 느끼지 않으면 희생을 하려고 하지 않는다. 오히려 사람들은 현재 상태에 매달리고 저항한다."

위 결론을 기억하고 실천하자, 변화와 혁신하지 않는 것은 위험하다는 것을, 열정은 행동과 변화를 촉발한다는 것을, 절박감은 생존을 유지한다. 그리고 부의 에너지를 발산한다는 것을 말이다.

이제 성공적인 경쟁력을 갖추려면 변화의 걸림돌을 제거하고 다가올 문제를 읽어 혁신한다. 그러려면 평상시 위기의식을 조성하고 전략적인 비전을 형성한다. 핵심 역량을 지속적으로 개선하고 새로운 능력으로 혁신을 추구해 나가야 한다.

명품 목표 가지기

스페인을 대표하는 철학가이자 작가인 발타자르 그라시안 (Balthasar Gracian 1601-1657)은 "꿈이 없는 사람은 아무런 생명력도 없는 인형과 같다"라고 말했다. 그런가 하면 세계적으로 유명한 책《성공하는 사람들의 7가지 습관》의 저자 스티븐 코비도 인생의 가장 중요한 열쇠는 "자신의 계획과 목표를 끊임없이 되새기는 것."이라고 말했다.

목표가 없는 사람은 목표가 있는 사람보다 모든 면에서 뒤떨어질 수밖에 없다. 그래서 확고한 목표를 가지고 있는 힘은 위력적이다. 성장하기 위해 더 큰 뜻을 품고 더 나은 목표를 갖고 살아가는 것은 이미 위대한 삶을 살고 있는 것이다.

누구에게나 꿈이 있다. 그 꿈이 끝없이 거듭된다면 살아가는 하루하루가 설렘으로 가득 찰 것이다. 그렇기에 꿈을 잃거나 무시해서는 안 된다. 마음속에 꿈을 그리는 것을 멈추지 말라. 꿈과 목표가 없는 사람은 아무것도 이룰 수 없다. 그러므로 꿈이 크고 분명한 목표가 있는 만큼 성장할 수 있고 도약할 수 있게 된다.

전 미국의 토머스 우드로 윌슨 대통령은 이렇게 말했다.

"모두가 자신의 꿈을 지니고 있지만 인생의 모진 바람이 불어닥치면, 절대 다수는 가슴에 품었던 꿈을 포기하게 된다. 오로지 험한 인생길에서 꿈을 보호하고 길러가는 극소수만이 그 꿈을 실현하게 된다."

또 세계적인 부흥 강사인 로버트 슐러 목사는 이렇게 말했다.

"거칠고 어려운 시간은 결코 영원히 지속되지 않는다. 그러나 그러한 험한 세월을 인내하는 사람들은 영원하다."

이제 누구든 역경 속 여러 번의 실패 속에서도 새로운 비전과 꿈을 가지되, 그것으로 인해 가졌던 꿈을 포기하는 어리석은 결정을 해서는 안 된다.

성공하는 명품 목표가 명품 인생을 만든다는 것을 잘 알고 있다. 사람들은 그렇기에 명품 목표를 가지고 있었다. 그래서 명품 인생을 만드는 것은 바로 명품 목표다.

베스트셀러 《좋은 기업을 넘어 위대한 기업으로》의 저자인 짐 콜린스는 말하길

"위대한 기업들은 위대한 비전을 세우고 멋진 목적지를 향해 버스를 몰고 갈 방법을 생각한다. 그 과정에 부적합한 사람들을 내리게 한다."

그는 위대한 기업으로 도약하기 위해 성공한 리더들의 공통된 점을 명확하게 지적했다.

"평범한 사람들이 상상도 하지 못하는 담대하고 위험하고 도전적인 목표를 가지고 있다."

그리고 《성공하는 기업들의 8가지 습관》이란 책을 쓴 제리 포라스는 성공하는 기업들이 가지고 있는 습관 중의 하나가 바로,

"크고 위대하고 대담한 목표를 가지고 그것을 향해 끊임없이 전진해 나가는 것이다."

이렇듯 누구든 명품 인생을 살고 싶다면, 먼저 명확한 명품 목표를 가질 때 자신의 삶이 명품이 된다.

명품 목표를 가진 자는 결코 흔한 길, 평범한 길을 선택하지 않으며, 인생을 들러리처럼 살지 않는다. 대신 언제나 한발 앞서서 행동하고 적극적이며 남들보다 빠르게 움직인다. 어려움 때문에 쉽게 멈추지 않는다.

그리고 시간이 지나면 그들은 명품 인생으로 명품 회사로 바뀌어 있게 된다.

<생각 나눔>
누가 봐도 당신 목표가 명품 목표인가?

　다음 아래에 자신의 꿈과 목표, 인생관을 구체적으로 적고
거듭 셀렘으로 되새겨보자.
　당신은 지금 그 명품 목적지를 향해 나아가고 있는지, 어떤
의지를 가지고 나아가는지 다시 점검해 보자.

4부

운명을 내것으로
만드는 힘

11

비웃을 만큼 큰 꿈을 가져라

1년을 넉넉하게 살고 싶으면

벼를 기르고

평생을 풍요롭게 살고 싶다면

꿈을 길러라.

- 중국 속담

말하는 대로 이루어진다

최초의 여자 피겨 그랜드슬럼을 달성한

김연아 선수의 한마디

"

지켜봐주세요

"

니케(Nike) 여신

금과 은은 불 속에서 정련되어야 비로소 빛난다

– 유대인 격언

〈사모트라케의 니케〉, 승리의 여신, 작가미상, 조각, 대리석,
BC 220–190, 높이 328cm, 루브르 박물관, 파리

현재 프랑스 파리 루브르 박물관에서 가장 많은 사람들이 다니
는 길목에 세워둬 꼭 보게 되는 작품이다. 큰 날개를 가진 승리의
여신 니케(Nike)는 바람을 가득 맞으며 뱃머리에 발을 내딛고 서
있다. 바람은 옷이 착 감겨 붙게 하여 몸의 세부가 보일 듯 드러나
게 한다.

〈사모트라케의 니케〉는 세계적 유명한 작품으로 승리의 소식을 전하는 반가운 전령으로써 고대 그리스의 대표적인 조각상이다. 니케(Nike)는 그리스어 '승리'라는 뜻으로 로마신화에서는 빅토리아(Victoria)로 불린다. 승리를 관장하는 여신인 니케를 묘사한 대리석상의 길이는 328cm이며 머리와 양팔이 잘린 채로 남아있다.

〈사모트라케의 니케〉는 기원전 190년 에게해 북서부 사모트라케 섬에서 로도스 섬의 에우다모스가 안티오코스 대왕이 이끄는 셀레우코스군과의 해전에서 승리한 기념으로 사모트라케 섬에 세워졌던 조각상이다. 승리의 여신(니케)은 제우스 신 옆의 큰 날개를 가진 여신이다.

우리가 잘 알고 있는 〈사모트라케의 니케상〉은 영화 '타이타닉'의 그 유명한 포즈의 모티브였으며, 나이키(Nike)의 기원이 바로 그리스 신화에 나오는 승리의 여신(니케)에서 가져왔다. 현재 나이키 로고의 가치는 약 100조 원에 이른다고 한다. 나이키(Nike)의 브랜드 네임은 '승리(Victory)'라는 뜻이다.

\# 이제 우리는 불리한 환경과 절박한 여건 속에서도, 힘든 경제적 위기일지라도 기필코 승리의 여신은 언제나 내 편이라는 승리의 가치를 가져야 한다. 더불어 자신이 선택한 것에 대해 온몸을 불사르고 자신의 전부를 던지는 승리의식이 필요하다.

그리고 큰 꿈을 가슴속에 품었다면 그다음은 최선을 다해 실천한다. 그러면 분명 높은 차원의 승리를 얻게 될 것이다.

부자가 될 메커니즘

놀라운 사실하나..

근사한 옷만 입어도, 자신의 표정, 행동, 말투만 당당해도, 멋져 버린 품격 있는 태도를 취하면, 부의 에너지를 발산하게 되어 능히 부의 삶으로 바뀌게 된다.

이 우주계(태양)와 지구 환경에는 가득 에너지가 발생하여 지구에 살고 있는 모든 생명체들은 그 에너지를 받는다. 이 생명 에너지를 이해하고 순응하면 부의 잘될 운명으로 흐르게 된다. 이것이 최고의 개운(開運)법으로 개(開)는 '열다'는 뜻으로, 운(運)은 '돌다' '움직이다' '옮기다' 등 즉, 부의 운을 열고 옮긴다는 의미이다.

실로 부를 이룰 수 있는 비결은 지금 힘들고 안되는 그곳의 개운(開運)문을 활짝 열어제친다. 문밖에는 정말 잘될 에너지가 널려 있기 때문이다.

지금 부(富)의 에너지를 발산하라. 잘될 운명의 에너지를 발휘하라. 이 에너지를 동양에서는 '기(氣)'라고 부른다. 이러한 잘될 에너지의 기(氣)가 모여 나를 둘러싼 파장으로 형성된다. 이것이 부의 메커니즘(mechanism)으로 작용하게 된다.

애벌레 → 누에고치 → 나방

알에서 부화하여 애벌레가 되고 껍질을 벗은 후 누에고치로, 누에고치를 벗고 번데기로, 나비가 되어 화려한 날개를 편다.

이렇듯 한 사람의 영혼에는 수백, 수천 가지의 잘될 운명이 잠재되어 있다. 그런데 내가 잘될 운명을 위해 얼마나 에너지를 발산하려고, 나를 깨우기 위해 어떤 노력을 취하고 있는가?

다음 괄호(   )에 공통적으로 들어갈 말은?

★ 세상조차 결코 이겨낼 수 없는 사람은? (   )

★ 성공 = 재능 + (   )

물음의 답은 '운 좋은 사람', '운'이다.

그러니까 성공과 부자는 운의 상관성을 가지고 있다는 의미이다. 그래서 영어 단어 'fortune'에는 '행운'이란 뜻뿐만 아니라 '돈'이란 뜻도 가지고 있다.

재물운(財運)을 좋아지게 하는 법

〈군주론〉의 저자 니콜로 마키아벨리(1469~1527)

르네상스 시대 이탈리아의 사상가, 정치철학자 니콜로 마키아벨리 역시 〈군주론〉에서 리더의 조건으로 '포루투나(운)' '비르투(역량)' '네체시타(시대정신)'를 꼽고 있다. 〈군주론〉 25장 "시대와 상황이 군주에게 적합하다면 융성하게 된다." 라고 하였다.

이렇듯 '네체시타(시대정신)'는 시대에 필요한 변화를 이해하고 미래 지향적인 방향을 설정해 추진하는 능력을 말한다.

니콜로 마키아벨리의 '군주론'은 성경 다음으로 많이 팔린 책이다. '군주론'에서 가장 많이 거론하는 개념은 바로 '비르투(Virtù; 역량)'인데, 즉 이것이 리더가 갖춰야 할 핵심적인 자질과 덕목이라는 것이다.

이번에는 재물운(財運)을 좋아지게 하는 법을 나누고자 한다. 그러기 위해서는 행운과 귀인이 나에게 도움을 줄 기회가 내게로 오도록 에너지를 발산해야 한다. 생각지도 못한 해결책을 제시해주고 지금 필요한 것을 채워 줄 인물을 끌어당겨야 한다.(#필요한 것의 예: 사람, 기술, 돈, 정보, 물건, 계약 등) 나를 진심으로 걱정해 줄 수 있는 귀인(貴人)이 오도록 에너지를 발산한다.

이쯤에서 # 귀인을 끌어당기는 마력의 비법을 소개하고자 한다.

큰 노력 없이도 귀인이 먼저 다가올 수 있는 쉬운 방법이 있는데,

내가 먼저 귀인에게 해줄 수 있는 무언가를 갖춘다. 그에게 도움이 필요한 것을 찾아 먼저 제공해준다.

인생은 산수가 아니어서 100을 투입한다고 꼭 100의 결과가 나오지 않는다. 50이 나올 수 있고 -100이 될 수도 있다. 따라서 그저 '열심히' 사는 것만으로 부자가 되지는 않는다. 그렇다고 열심히 살지 말라는 말이 아니다. 가장 좋은 운(運)은 순간순간 잘될 재물운의 흐름을 타는 것이다.

잘될 재물운의 흐름을 타기 위해서는 먼저 자신의 운을 알아야 한다. 현재 자신이 어떤 운의 흐름을 타고 있는지, 만약 내 운이 안 좋다고 판단되었을 때, 적극 운 좋은 사람과 만남의 시간을 갖는다. 그래서 운 좋은 사람의 에너지가 나에게로 이어지도록 한다. 그리고 평소 운의 그릇을 최대한 키워 준비해야 기회가 왔을 때, 담고 손에 쥘 수 있게 된다.

분명 재물운을 얻고 싶다면 '일확천금'이나 '한방'보다는 성실성과 꾸준한 노력으로 무장한다. 먼저 적절한 균형을 유지한다. 얼굴에 웃음이 떠나지 않는 한 당신의 재물 창고는 절대 마르지

않는다.

"인생을 살면서 가장 중요한 것 하나를 꼽으라면 당신은 뭐라 하겠는가?" 답은 적절한 "균형"이다. 운의 균형 관점에서 적당한 돈, 건강, 인간관계, 가족, 명예를 유지하면서 사는 인생이 가장 이상적인 모습이다.

운의 균형 오각형 체크하기

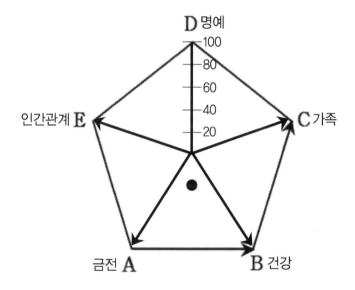

가운데 정점 기준에서 현재의 점수에 체크한다.
안쪽에서부터 10-100까지
각 영역은 20이 적정 수준임

A : 금전 / B : 건강 / C : 가족 / D : 명예 / E : 인간관계

내가 가진 100의 운을 균형있게 잘 배분하며 살고 있는지 점검한다. 그렇게 살아간다면 잘될 운명으로 흘러갈 것이다.

나의점수

A:

B:

C:

D:

E:

최상의 존재가 되려는 향상심

풍요로운 삶은 깜짝쇼처럼 하루아침에 이루어지는 것이
아니라 시간을 두고 서서히 나타나는 것이다.
– 정병태 박사

구글 창업자 래리 페이지는 이스라엘의 수학 영재들이 모인 고
등학교 학생들에게 이런 말을 해주었다.

"조금 어리석게 보이더라도 목표를 크게 세우십시오.

**대학시절에 '불가능을 무시하는 건전한 도전정신을 지녀라'는
말을 들은 적이 있습니다. 정말 좋은 말입니다.**

여러분은 사람들이 잘 하지 않으려는 일을 시도해야 합니다."

역경 중에도 성공적으로 산 사람들의 특징은 늘 향상심(向上心)
을 품은 사람들이었다. 여기서 향상심은 보다 나은 상태를 추구하
려는 마음가짐이다.

이렇듯 둘러싼 환경을 내가 어떻게 이해하고 수용하여 대처하
느냐에 따라 삶이 크게 달라진다. 지금 원하는 것을 품어라. 곧 서
서히 부와 풍요로움이 당신의 인생에 편안하게 둥지를 틀게 될 것
이다. 그 이유는 이미 그 가능성을 품었기 때문이다.

그러니 늘 최고를 향해 나아가라. 최상의 존재가 되려는 향상심
으로 나아가면 분명 최상의 것을 얻게 될 것이다.

그 향상심의 첫 번째 원칙은 바로 타인의 성공을 듣거든 맨 처음으로 축하인사를 건네는 사람이 돼라. 그러면 최상의 것이 저절로 따라오게 될 것이다.

옛날 미국 서부 개척 시대에 어떤 상인이 금을 캐는 사람들을 상대로 '이동 레스토랑'을 차릴 것을 계획하고 전 재산을 투자하여 마차 열 대분의 천막을 구입하였다. 정보교류가 신속하지 못하던 당시에 상황을 제대로 파악하지 못하고 큰일을 저지른 것이다. 천막 재료를 가지고 현장에 도착하여 보니 이미 다른 상인들이 대규모로 진을 치고 있었다.

그는 순간적으로 망했다는 생각으로 온몸에 힘이 쭉 빠졌다. 대량의 천막 재료 및 기구를 쓰레기로 버려야 할 형편이 된 것이다. 그 자리에 주저앉아 절망하고 있을 때, 그 옆을 지나가는 광부들이 하는 말이 자신의 귀에 들렸다.

"우리가 금을 캐다 보니 옷이 금방 닳아 못 입게 되는데, 좀 질기고 좋은 바지가 없을까? 저 천막같이 질긴 것으로 말이야."

그때 그 상인은 무릎을 탁 쳤다. 천막 재료를 사용할 힌트를 얻었다. "그래, 저 못 쓰게 된 천막으로 청바지를 만들자."

이렇게 해서 지금까지 유명세를 타고 있는 청바지가 탄생하게 된 것이다. 흔히 말하는 '대박'이 터진 셈이다. 그 상인은 소비 트렌드를 읽고 천막 재료로 질긴 청바지를 만든 것이었다.

세상 만물을 구성하는 물질의 근본 기본 재료는 비물질에서 시작되었다. 그러므로 모든 물질 창조는 에너지와 정보의 파동일 따름이다. 그래서 우리의 생각은 물질을 구성하는 근본 소재다. 그렇기 때문에 다르게 창의적으로 생각하는 것이 더 중요하다. 그 생각을 통해 풍요로움을 끌어당길 수 있다. 이 비물질에서 물질이 생성되는 원리를 이해함으로써 즉 보이지 않는 것에서 보이는 것이 형성된다.

그러므로 비저너리(Visionary)는 향상심을 품은 사람, 비전(Vision)을 제시하는 사람 또는 선지자(先知者)를 의미한다.

소수의 성공한 사람들이 각 분야를 석권할 수 있었던 것은 남과 다르게 향상심을 품은 출중한 비저너리이었기에 가능했다. 그래서 비저너리는 남이 보지 못한 것을 보고, 남과 다르게 생각한다.

비저너리는 주변 사람들이 비웃을 정도의 큰 비전을 가져야한다. 나만의 독창적이고 확고한 큰 꿈을 품고 향상심을 향해 나아가라.

유대인 오케스트라 지휘자 레너드 번스타인은
"원하는 것을 얻는 첫 단계는 원하는 것이 무엇인지 결정하는 것이다."라고 말했다. 또 그는 연주자를 자신의 명령을 따라야 하는 부하로 여기지 않고 동등한 파트너로 대했다.

이렇듯 우리도 크게 성공하고 싶다면, 부디 이루고 싶은 꿈을, 원하는 것을 향한 향상심을 품으라, 곧 풍요로운 삶을 누리게 될 것이다.

〈생각 나눔〉

향상심(向上心)과 비저너리(Visionary)를 품은 사람의
 특징을 적고 나누어보자.

지금 당신은 남이 비웃을 만큼 큰 생각, 큰 긍정,
 큰 비전을 품고 있는지를 적고 나눈다.

10초 엑서사이즈

나는 밤에만 꿈을 꾸는 것이 아니라 하루 종일 꿈을 꾼다.

— 스티븐 스필버그(영화 감독)

처음부터 애벌레 속에는 훗날 나비로 변신 될 거라고 말해줄 수 있는 그 무엇도 없었다. 하지만 끊임없이 변화를 시도했기에 어느 날 화려한 변신을 통해 나비가 되었다.

육상 100미터 세계기록은 2009년 자메이카의 우사인 볼트 선수가 기록한 9초 58이다. 즉 인간이 불과 10초 만에 100미터를 이동할 수 있다는 의미이다. 세상에서 가장 빠른 사나이로 불리는 우사인 볼트(Usain Bolt)가 세계기록을 가질 수 있었던 중요한 요인은 폭발적인 가속력 때문이었다. 하지만 그 가속력을 만들었던 진짜 비밀은 2등으로 지는 것을 가장 두려워했기 때문이다.

또한 농구의 황제 마이클 조던(Michael Jeffrey Jordan, 1963~)이 NBA 최고의 선수가 될 수 있었던 것은 천재적 재능 덕뿐 만은 아니었다. 그의 지치지 않는 연습과 훈련으로 피나게 노력한 결과였다. 마침내 조던은 제자리에서 1미터를 뛸 수 있게 되었고 농구 역사상 최고의 선수로 기억되었다.

크라이슬러 자동차 CEO였던 리 아이아코카(Lee Iacocca, 1924~)는 이렇게 말했다.

"성공이란, 끊임없이 노력하고 간절히 원하면 반드시 이루어 낼 수 있다. 그것은 불굴의 의지이다."

인간은 10초 엑서사이즈(Exercise)를 소유하고 있다. 그 10 초 연습이 곧 기적을 만들어 낸다. 매일 10초 연습과 훈련을 통해 '불과 10초'를 활용해서 자신을 바꾸고 인생의 주도권을 되찾을 수 있다. 그저 나를 변화시키기 위해 꾸준히 10초만 투자해도 능히 가능하다. 매일 10초의 연습일지라도 지속적으로 실천하고, 멈추지 않고 지속하다 보면 어느 순간부터 비약적인 변화가 가속되는 순간이 찾아오고, 곧 창조적 기적을 만들어낸다.

우리는 능히 가치 있는 존재로서 연습을 지속한다면 그 목표지점까지 도달할 수 있다. 서두르지 않고 타인과 비교하지 말며 자신을 믿으면서 앞으로 꾸준히 10초의 엑서사이즈로 나아가라. 지속적인 연습과 훈련은 기적을 만들어 내기 때문이다.
작가 어니스트 헤밍웨이는 이렇게 말했다.
"직접 해 보지 않고는 그 누구도 자기 안에 어떤 재능이 있는지 알 수 없다."

생생하게 상상하고 바라기

"Dream is nowhere"
"Dream is now here"

– 액자 속 문구

미국의 가난한 집에 두 형제가 살고 있었다. 그런데 훗날 형은 거리의 노숙자가 되었고, 반면 동생은 많은 역경을 극복하고 어린 시절부터 꿈이었던 교수가 되었다.

두 형제가 왜 이렇게 큰 차이가 나도록 성장했을까?

이 차이는 아주 작은 데에서 시작되었다. 어린 시절 형제의 집 안에는 띄어쓰기가 확실치 않은 "Dream is nowhere(꿈은 어느 곳에도 없다)"라고 쓰여 있는 액자가 있었는데, 형은 쓰여 있는 그 대로 수정하지 않고 생각하며 살아왔다. 반면 동생은 "Dream is now here(꿈은 바로 지금 여기 있다)"로 바꿔서 읽었고, 그 문구를 긍정적으로 바라보았다. 그리고 현재에 충실했다.

이렇듯 같은 것을 보고도 긍정적으로 수정하여 생각하는 사람이 있는가 하면, 부정적으로 생각하는 사람이 있다. 진정 우리 삶을 풍요롭게 이끄는 가치가 무엇인지를 알려주는 이야기이다.

어쩌면 성공이 따르지 않는 가장 큰 원인은 자신의 잘못된 생각, 미지근한 신념, 실천을 뒤로 미루는 게으른 마음 때문일 수 있

다. 성공은 주어진 환경을 절대 긍정적으로 바꿔 실천하는 것이
다. 사실 지금의 환경을 긍정의 마음으로 바라보면, 호기심과 열
정은 저절로 솟아나게 된다.

인도의 위대한 시인 타고르는 이런 말을 남겼다.

"지금 이순간, 내 혈관을 타고 춤추는, 오랜 생명의 고동이 흐르
고 있다."

우리는 지금의 삶을 향한 뜨거운 열정을 지녀야 한다. 당신이
원하는 것을 이루고자 한다면 당신이 간절히 원하는 곳에 당신이
있어야 한다.

다음은 큰 가르침을 주는 우스운 이야기다.

짐을 싣고 가던 수레가 진흙탕에 빠져 꼼짝할 수 없게 되었다.
이때 평소 삶이 기도로 무장된 장로님이 무릎을 꿇고는 하나님께
기도를 시작했다.

"오 하나님, 수레가 움직일 수 있도록 은혜를 베풀어 주세요."

기도가 응답되었는지 천사가 나타나 장로님의 머리를 한 대 세
게 치면서 이렇게 말하였다.

"장로님! 밀면서 기도해요."

우리에게 주어진 상황과 비슷할 수 있다. 그런데 어떤 마음가짐
을 갖고 보고 대하느냐에 따라 판이 달라진다. 더 긍정적으로 생
각하는 자세는 부의 에너지를 가져다준다. 그러므로 풍요로운 삶
을 창조하려면 평소 '할 수 있다'는 긍정적인 생각, 모든 가능성이

열려있다는 자신감 넘치는 마인드를 가져야 한다.

 '다이빙 황제'라 불리며 올림픽 사상 최초로 다이빙에서 네 개의 금메달을 획득한 미국의 그렉 루가니스(Louganis) 선수는 친부모에게 버림받고 동성애로 에이즈 양성 판정을 받았으며 우울증을 겪기도 했다. 여러 심신의 힘든 상황에서도 그는 다이빙 직전 플랫폼에서 기도하는 것으로 유명하다. 이 기도할 때가 자신의 다이빙이 성공적으로 이루어지는 모습을 그리는 이미지 트레이닝을 하는 시간이었다.

 # 자신이 성공하는 모습을 상상하면 실제로도 그렇게 된다. 그렇지만 확고한 비전 없이 그 목표에 맞춘 준비와 노력도 하지 않고 성공을 바라는 것은 공상이다. 하지만 원하는 것을 이루고자 최선을 다하고 좋은 결과를 열망하며 상상하면 그대로 이루어진다. 생생하게 열렬히 바라는 만큼 풍요로운 삶을 창조하게 된다.

<실전 과제> 긍정의 이미지 트레이닝

하루의 일상에서 잠깐 눈을 감고 자신이 원하는 것을 이룬 모습을 생생하게 상상한다. 지금 당신이 크게, 성공하는 모습을 상상하면 실제로도 그렇게 된다. 또한 꼬인 문제가 잘 풀리는 것을 상상한다.

매일 하루에 한 번씩 자신의 꿈이 이루어진 것을 생생하게 상상한다.

자신의 문제:

_____

_____

_____

_____

12

술술 잘 풀리는 삶의 공식

He can do it, She can do it, Why not me.

재도 할 수 있고, 얘도 할 수 있는데,

왜 나라고 못할쏘냐.

– 내가 좋아하는 영어 글귀

말하는 대로 이루어진다

맨유 명예의 전당에 오른 유일한 한국 축구 선수

박지성 선수의 한마디

"

이 경기장에선

내가 최고다.

"

술술 잘 풀리는 공식

"나는 모든 작품마다 넘어졌다.
발레는 최선을 다하면 넘어지게 되어 있다."

– 발레무용가 강수진

삼성그룹의 이건희 회장도 긍정적 마인드가 매우 중요함을 다음과 같은 사례를 들어 설명해 주었다.

"쓰라린 실패를 경험 후, '사전 준비 부족', '안이한 생각', '경솔한 행동'이 실패의 3요소이다. 실패라 할지라도 원인을 철저히 분석하고 교훈을 찾아내면 오히려 최고의 보약이 된다."

앞으로 내 인생이 술술 잘 풀리려면 절대적 긍정적인 사고가 중요하다. 확고하게 긍정적인 사람들이 부의 기회를 얻기가 더 수월하다. 주변 상황이 아무리 최악의 상황에서도 매사를 긍정적으로 대하는 사람. 위기든 호황이든 다시없는 기회로 여기는 사람은 분명 앞으로 모든 일이 잘될 것이다.

나는 얼마 전 큰 성공을 거둔 사업가를 만나는 영광을 가졌다. 그는 성공하기까지 처절한 시련과 7전 8기의 도전이 있었기에 가능했다고 말해주었다.

그렇다. 많은 성공한 사람들의 변치 않는 공통점은 노력도 없이, 저절로, 한 방에 성공하지 않았다는 것이다. 그들은 쓰라린 실패를 경험했고 숫한 슬럼프에 빠지거나 역경을 맞았다. 그때마다 다시 일어나 그 실패의 원인을 분석하고 극복한 뒤 기회가 찾아왔다. 그들이 시련과 실패, 위기를 개선하여 극복해낼 수 있었다.

놀랍게도 그들은 '다음번에는 운이 따를 것이다.', '대박 지금이 기회다.' 절대 긍정의 마인드가 있었기에 가능했다. 그러므로 성공은 긍정의 크기에 달려있다.

부자 기업가 빌 게이츠 연구소에서 이전에 실패했던 사람들을 찾아 실패의 가장 큰 원인이 무엇인가를 조사한 적이 있었다. 그 결과는 거의 모든 사람들이 "부정적인 사고 습관이 실패의 원인이었다."는 것을 찾아냈다.

그렇다. 한 사람의 성공과 실패는 그 사람의 평소 사고와 습관에 절대적으로 영향을 받는다. 어떤 분야든 성공한 사람도 있고 실패한 사람도 있다. 성공한 사람들은 매사가 긍정적 사고를 갖고는 혹 이번에 실패의 가능성이 있다고 하더라도 다시 일어나 도전할 것을 다짐한다. 그래서 그들은 실패를 두려워하지 않는다. 이래 그 실패를 딛고 더욱 성장한다.

이것이 그들이 하는 일마다 잘 되는 성공 공식이었다.

나는 오랜 시간 부와 운과 긍정 마인드를 연구하면서 나름의 술술 잘 풀리는 공식을 찾아냈다. 꼭 여러분의 삶에 적용해 보기를 권한다.

하는 일마다 잘 풀리는 공식

: 긍정의 말을 매일매일 일상의 생활에서 외친다.

초(超)긍정이 이긴다.

할 수 있다. 된다. 해보자.

예스(Yes)!

실패 후 다시 일어난다.

행운은 내 편이다.

이번에는 운이 따를 것이다.

대박, 지금이 기회다.

실패 속에 있는 가능 1%

옛말에 '실패는 성공의 어머니'라는 말이 있다.

일본 경영의 신으로 불리는 혼다자동차의 창업자 혼다 소이치로(1906~1991)의 마지막 퇴임사이다.

"나는 실패를 부끄럽게 생각하지 않는다.

그 실패로 지금의 혼다가 여기에 있기 때문이다."

사실 혼다 기업을 성장시켰던 힘은 실패를 두려워하지 않았기 때문이다. 혼다 소이치로는 "인간은 실패할 권리를 지녔다"라는 말을 남겼을 만큼 실패에 좌절하는 법이 없었다. 그는 실패하면 다시 일어서기 위해 지독하게 노력했고 기술자들이 안 된다고 말하면 해 보지도 않고 어떻게 아느냐며 야단을 쳤다.

그가 말하는 성공이란 '99%의 실패 속에 있는 가능 1%'라고 말한다. 그래서 혼다 기업에서는 '올해의 실패왕'이라는 제도를 만들어, 실패는 숨길 것이 아니라며 오히려 장려했다.

발명왕이라 불리는 토머스 에디슨(Thomas Alva Edison, 1847~1931)은 만 번의 실패를 극복하고 전구를 발견하게 된다. 그만큼 실패의 경험을 중시했다. 그는 이렇게 말했다.

"인생에서 실패한 사람들은 대부분, 그들이 포기하는 그 순간 자신이 성공에 얼마나 가까이 다가왔는지 깨닫지 못한다."

"나는 실패하지 않았다. 나는 단지 효과가 없는 만 가지 방법을 발견했을 뿐이다.”

자그마치 만 번의 실험을 통해 실패하고도 포기하지 않았다.

그런가 하면 빌 게이츠가 창업한 마이크로소프트사에서는 중견 사원을 뽑을 때 실패를 모르고 줄곧 승승가도를 달려온 사람은 뽑지 않는다고 한다.

영국의 철학자로 미국에 건너와 펜실베이니아를 개척한 윌리엄 펜(William Penn, 1644~1718)은 이렇게 말했다.

“고생하지 않고는 열매를 거둘 수 없고, 가시밭길을 걷지 않고는 왕의 길을 걸을 수 없으며, 쓴맛을 보지 않고는 영광을 맛볼 수 없는 법이다.”

윈스턴 처칠(Winston Churchill, 1874~1965)은

“비관론자는 매번 기회가 찾아와도 고난을 본다. 낙관론자는 매번 고난이 찾아와도 기회를 본다.” 라고 하였다.

이처럼 정도는 다를지언정 고난과 역경, 그리고 시련과 실패는 성공으로 가는 길에 반드시 존재하는 과정일 수 있다. 이러한 과정을 경험하지 않고 성공한 사람은 없을 것이다.

살겠다는 이유를 찾아냈다

자아 이미지(ego image)
- 내면의 나를 말한다.
- 내면의 그린 그림에 따라 살아간다.

　오늘날 세계에서 가장 강한 나라가 된 미국을 있게 한 태도적 가치는, 긍정의 감사였다. 미국의 건국 역사를 보더라도 많은 어려움을 극복하고 미국 땅을 밟았던 영국 청교도들의 긍정적 감사가 바로, 미국 역사의 시작이었다.

　그들은 1620년 12월 26일 한 겨울, 미국 동부 메사추세츠 플리머스 해안에 상륙했다. 최악의 여건 속에서 감사함의 역사가 시작되었다. 감사하는 마음이야말로 부자가 될 사람들이 지향하는 최선의 마음 상태이다. 좋은 운조차도 감사함으로 부르는 것이다.

　백만장자 강철왕이라 불리는 앤드류 카네기(Andrew Carnegie, 1835~1919)는 젊은 시절에 경제 불황이 미국을 덮쳤을 때 사업실패로 좌절하게 된다. 모든 상황이 악화되었고 더 이상 아무런 희망이 없자, 절망하여 차라리 죽는 것이 낫다고 결심하고는 뉴욕의 허드슨 강을 찾아간다. 그런데 강 쪽으로 가고 있을 때 두 다리를 잃은 한 사람이 바퀴 달린 판자 위에 앉아서 자신에게 다가와서는 연필 한 다스만 사 달라고 하며 카네기를 계속 따라오고 있었다.

"선생님, 연필 한 다스만 사 주시겠습니까?"

카네기는 주머니를 만져보니 마침 1달러가 있었다. 딱한 마음에 돈만 주고 연필은 필요 없어 받지 않았다. 그런데 그가 계속 따라오면서 "연필 받아 가세요!"라며 하도 연필을 받아 가라는 말에, 어쩔 수 없이 그 사람이 건네는 연필을 받아 가려고 그 사람의 얼굴을 보게되었다. 그런데 연필을 건네주는 그 남자의 얼굴은 세상 누구보다 행복한 미소로 가득했을 뿐만 아니라 매우 행복해 보였다. 그때 카네기는 두 다리를 잃고 연필을 파는 사람의 환한 미소와 행복한 얼굴을 보고는, 이제 자살하지 않겠다는 굳은 결심을 하게 된다.

"아니 나는 멀쩡한 두 다리가 있고, 사지도 건강한데, 저 사람은 두 다리가 없어도 저렇게 행복한 표정을 갖고 살아가는데..."

그날 카네기는 죽을 마음을 바꿔, 다시 살겠다는 결심을 갖게되었고 생명의 귀중함을 깨닫게 된다.

일찍이 나는 카네기의 이야기를 통해 큰 감동을 받았기에 생활의 가치들이 바뀌게 된다. 여러 힘들고 어려운 상황이었지만 더 나은 내일의 희망을 바라보고 앞으로 나아갔다. 그리고 더 열심히 살아야 할 이유를 찾아냈다.

고난 속 기회

　흔히 동물은 한 마리, 두 마리, 세 마리로 세는 단위이다. 물건은 한 개, 두 개, 세 개 단위로 센다. 그러나 사람은 '인격(人格)'으로 세는 단위로서 위대한 존재이다. 이것이 동물과 사람이 구별된 특별한 가치이다.

　정신과 의사인 맥스웰 몰츠(Dr. Maxwell Maltz)가 말하기를, "자아 이미지는 성공과 실패에 있어서 결정적 역할을 한다"고. 그래서 실패의식을 가진 사람은 계속해서 실패한다. 그렇게 좋은 기회가 다시 찾아와도, 내 차례의 행운이 와도 지나쳐버리거나 무력화되어 실패하게 된다.[6] 결국 자아상이 그 사람의 인생을 결정하기 때문이다.

　인간은 성공과 실패를 측정할 수 있는 존재가 아니다. 그 무엇으로도 판단할 수 없는 최고의 고유한 걸작품이다. 그러므로 스스로 자신이 소중한 존재임을 인정해야 한다. 결국 긍정적 자아상은 그럼에도 불구하고, 짜증나는 상황에서도 긍정적인 태도와 감사할 줄 안다. 또 절망을 희망으로, 고통을 기쁨으로 바꾸는 능력이 있기에 긍정적으로 취한다.

　1967년 이스라엘의 총리가 된 골다 메이어 여사는 자신의 자서전에서 이렇게 말했다.

6　맥스웰 몰츠, 《성공의 법칙》, 역 공병호, 비즈니스북스.

"나는 못났기 때문에 열심히 공부했다. 나의 약점은 이 나라에 도움이 되었다."

부디 실패의식이 혁신되어 시련 중에도 희망을 잃지 않았으면 한다. 혹 시험이나 취업에 여러 번 떨어져도 쉽게 포기하지 않고 다시 나를 향한 행운을 바라보며 도전하기를 바란다.

최악의 상황이지만 다시 준비하여 비장한 결단으로, 삶의 밑바닥까지 내려가서 그 절망의 끝에서조차 희망을 건져 올리기를 바란다.

〈실전 지침〉 일상에서 외치고 희망 건져 올리기

"나는 내가 좋다."
"나는 최고의 걸작품이다."
"나는 그럼에도 불구하고 다시 도전한다."
"또 넘어져도 다시 일어난다."
"왜? 나는 확실한 희망을 보았기 때문이다."
"가시밭길을 걷지 않고는 왕의 길을 걸을 수 없다."
"매번 고난이 찾아와도 기회를 본다."

부정적 자아상 처방법

시골에서 자란 나는 학창시절 열등의식에 사로잡혀 고통 가운데 살아야 했다. 특히 경쟁의식에서 사로잡혀 많이 힘든 시간을 보냈다. 이제는 극복하고 건강한 자아상을 갖고 살아가게 돼 참 행복하다.

미국의 시인이자 사상가인 랠프 월도 에머슨(Ralph Waldo Emerson, 1803~1882)은 "자아감이 성공의 비결"이라고 말했다. '자아감'이란 한마디로 열등의식과 두려움을 이긴 자아상을 의미한다. 즉 '나도 할 수 있다'는 절대 긍정의 태도다.

그래서 자신감이 센 사람은 자아상이 매우 긍정적이다. 이들은 자신의 약점에 고민하거나 골몰하지 않고, 장점에 집중하며 그 좋은 면을 개발하는 데 더 집중한다. 결국 긍정적인 자아상은 성과를 높여준다.

반면에 부정적인 자아상은 자부심이 떨어져 소속감이 없고 스스로 뭘 해도 운이 없는 사람으로 치부해 버린다. 그리고 쉽게 우울해지고, 침체에 빠진다. 정작 많은 것을 가졌음에도 이미 가진 것에 대해 감사할 줄 모른다. 매우 이기적일 수 있고 쉽게 절망하고 포기해버린다.

그 이유는 자존감이 매우 낮기 때문이다.

'열등의식'이란 자기가 다른 사람보다 '열등하다' '못하다' '열악하다'고 느끼는 의식이다. 그런데 사람을 창조하신 하나님은 모든 사람마다 잘 되고 형통하도록 이미 창조해주셨다. 한마디로 긍정적인 자아상(가장 고귀하게, 가장 유능하게 만드신 형상, 스스로 자기를 어떻게 보느냐?)을 주셨다(창세기 1:28).

그래서 사람은 자신에게 형성된 자아상에 따라 믿고 말하고 선택하고 행동하며 만들어간다. 반면 부정적인 자아상을 가진 사람들은 원망과 불평에 익숙하다. 이유는 잘못된 열등의식을 갖고 있기에, 또 두려움을 갖고 있으므로 자신감이 빈약하다. 열등감은 결국 부정적인 자아상을 만들어 낸다.

그런데 부정적인 자아상은 다음에 제시한 내용 그대로 영향을 미친다.

▼ 부정적 자아상 :

생각에 영향을 미친다.
언어에 영향을 미친다.
감정에 영향을 미친다.
행동에 영향을 미친다.
관계에 영향을 미친다.

이처럼 부정적 자아상은 삶에도 지대한 영향력을 끼친다.

또 부정적인 자아상을 가진 사람이 드러내는 속성을 보면 다음과 같다.

▼ 부정적 속성 :

쉽게 분노한다.

쉽게 짜증낸다.

쉽게 슬퍼한다.

쉽게 원망하고 불평한다.

쉽게 사람들과 부정적인 당을 규합한다.

쉽게 공허감을 낳는다.

쉽게 소외감을 느낀다.

쉽게 무능하다고 믿는다.

쉽게 집중하지 못한다.

처방법: 이와 같은 부정적인 자아상에 좋은 처방은 세밀한 관심과 사랑이다. 먼저 자신을 소중하게 대한다. 그리고 자주 관심을 가지고 관계하는 사람을 있는 그대로 사랑하고 인정해 준다. 먼저 다가가 살포시 안아준다. 선물을 주고 따뜻한 말로 사랑을 전한다. 그리고 감사함의 삶을 산다.

인생은 만남의 연속이다. 그러나 모든 만남이 다 좋은 만남이 될 수 없다. 때론 가치 있는 목적을 가진 사람을 만날 때, 위대한 만남이 된다. 좋은 만남을 통해 좋은 자아상이 형성된다. 그러므로 가장 소중한 만남은 긍정적인 자아상을 가진 사람과의 만남이다. 그들은 사용하는 언어가 다르고 행동 특성이 섬세하며 태도가 다르다. 한마디로 품격이 다른 인격을 가지고 있다.

꼭 우리의 가슴에 새기자, '인생은 위대한 만남의 연속이다.' 누구를 만나고, 누구와 접촉하고, 어떤 언어를 사용하느냐에 따라 우리의 자아상이 사뭇 달라진다.

그래서 중국 최고 철학자 노자(老子)는 말하기를

"물처럼 사는 것이 최상의 삶이다."라고 하였다. 즉 물은 무서운 힘을 가지고 있으면서도 겸허하고, 부드러우며, 무엇과도 화합이 잘 되면서도 자신의 본질은 변하지 않는다. 고로 긍정적인 자아상을 가진 사람들은 작은 것에도 감사할 줄 알고, 감동과 감격을 누린다. 자신에게 진실하고 정직하다. 사람들을 존경하고 인정해 주며 사랑을 베풀 줄 아는 사람이다. 나와 다른 것을 틀렸다고 말하지 않고 더욱 귀한 가치로 여긴다.

노자, 도덕경 제8장

최고의 선은 물과 같다. 물은 만물을 이롭게 하면서도 서로 다투는 법이 없고, 뭇 사람들이 싫어하는 낮은 곳을 지향한다.

그러므로 물은 도에 가장 가깝다.

위대한 실패 속 기회

에이브러햄 링컨(Abraham Lincoln,
1809~1865)

"내가 넘어진 횟수보다 한 번 더 일어서는 것, 이것이 성공이
다." 이 격언을 몸소 보여주었던 사람이 바로 전 미국의 16대 대
통령 에이브러햄 링컨이다. 링컨은 27번이나 거듭된 실패를 경험
했지만 한 발짝 한 발짝 앞으로 전진해 나아갔다. 다음은 그의 위
대한 명언이다.

"나는 천천히 걸어가는 사람이다. 그러나 뒤로는 가지 않는다."

링컨의 역사는 모든 부분에서 실패로 얼룩져 있었고 철저히 실
패했다. 어린 시절인 9살에 친어머니를 여의였고 링컨의 재능을
알아보지 못하고 무시한 그의 아버지와는 평생 관계가 서먹했다.
심지어 아버지의 장례식에 참석하지 않을 정도로 감정의 골이 깊
었다. 자신이 직접 꾸린 가정에서도 그의 불행은 계속됐다. 그가

평생 유일하게 사랑한 아내(앤 러틀리지)를 가슴에 묻은 그 이후 항상 우울증에 시달렸고, 그의 동료들은 그의 자살을 걱정했을 정도였다. 그리고 사랑하지 않은 메리토드와의 결혼은 불행 그 자체였다. 시기심이 많고 성격이 불같았던 그녀는 남편을 들볶았다. 링컨은 자신의 결혼 생활을 매우 끔찍하게 생각했다. 그가 4명의 자녀 중에 3명을 가슴에 묻는 비극도 몸소 겪었다.

링컨은 대통령이 되기 전까지 정치적 실패는 그의 생활이었다. 정말 밥 먹듯이 낙선을 했고 어느 신문은 그를 이렇게 묘사하기도 했다.

"그는 보통 사람들 같으면 인생을 망치고 말았을 정치적 실패를 매번 겪고 있다."

이건 단순히 과장이 아니다. 몇 번의 선거에서 당선되기도 했지만 그가 낙선한 선거 횟수에 비하면 턱없이 부족하다. 하지만 링컨의 삶에서 정말 중요한 것은 결국 포기하지는 않았다.

그는 다음의 절대 긍정의 말을 하였다.

"미끄러진 거야. 넘어진 게 아니야."

그럼에도 링컨은 항상 독서를 게을리하지 않았으며 끊임없이 준비하고 배웠다. 결국 자신에게 찾아온 기회를 놓치지 않았고, 미국에서 가장 위대한 대통령으로 존경받고 있다.

나는 링컨의 이야기를 통해 인생은 시련과 실패 속 성장하고 성숙하게 된다. 목표를 이루는 것 역시 굴곡을 지나서 달성된다. 즉 회복탄력성이다. 노력하기를 멈추지 않고 상위 학년으로 올라갈 수 없듯이, 시련과 고난, 역경과 실패는 나를 성장하기 위한 준비

된 실패 학교일 뿐이다. 그러므로 나에게 들이닥친 어려움은 번창
케 될 자산으로 알고 과감하게 받아들여라. 그리고 다시 시도한
다.

⟨팁⟩ 회복탄력성(resilience)

회복탄력성을 결정짓는 7변수
(넘어졌을 때 다시 일어나게 하는 요인)

1) 평정심 2) 인내심 3) 긍정 4) 성찰능력
5) 공감능력 6) 자신감 7) 도전정신

최선이 가장 아름다운 결과

이 시는 내가 평소 가장 많이 읽고 나누고 있는 시중의 한 편이
다. 여러분과도 함께 감상하고 싶어 준비해봤다.

절벽 가까이로 부르셔서[7]

– 로버트 슐러

(그분이) 절벽 가까이로

나를 부르셔서 다가갔습니다.

절벽 끝에 더 가까이 오라고 하셔서

더 가까이 다가갔습니다.

그랬더니 절벽에

겨우 발을 붙이고 서 있는 나를,

절벽 아래로 밀어 버리시는 것이었습니다.

물론 나는 절벽 아래로 떨어졌습니다.

그런데 나는 그때서야 비로소 알았습니다.

.....

내가 날 수 있다는 사실을 …

---

7 강영우, 《우리가 오르지 못할 산은 없다》, 생명의 말씀사.

옛날 중국에 꽃을 사랑하는 '핑'이라는 소년이 살고 있었다. '핑'이 심는 풀과 나무는 모두 꽃을 활짝 피웠다. 꽃나무도, 딸기나무도, 커다란 과일나무도 쑥쑥 자랐다. 마치 요술을 부리는 것 같이 쑥쑥 자라주었다.

하루는 임금님이 특별한 꽃씨를 아이들에게 내리면서 꽃 사랑이 지극한 아이를 후계자로 삼겠다는 방을 내렸다. 모든 아이들이 한 해 동안 열심히 꽃을 피웠다며 서로 자랑스럽게 꽃을 들고 임금님께 나아갔다. 그런데 이상하게 '핑'의 화분만 빈 화분이었다.

'핑'은 최선을 다해 임금님의 꽃씨를 돌보았지만 그의 화분은 빈 화분이었다. 그때 아버지가 '핑'에게 말하였다.

"핑아, 네가 최선을 다했다면 빈 화분을 들고 임금님께 가거라. 임금님도 너의 최선을 기뻐해 주실 거야!"

'핑'은 다른 아이들의 꽃이 활짝 핀 화분을 바라보며 상실감을 가졌지만 최선을 다했기에 기쁘게 임금님에게 찾아가 보여드렸다.

후계자의 결과가 어떻게 되었을까?

사실 임금님이 나눠준 꽃씨는 썩은 씨였다. 끝까지 정직하며 최선을 다한 '핑'이 임금님의 후계자가 되었다.

이처럼 최선이 가장 아름다운 결과다. 최선을 다했다면 실패해도 다시 일어나 시도하고 자라며 성장한다. 결국 가장 아름다운 인생은 정직하게 최선을 다하는 삶이다.

13

운명을 바꾸는 우직함

내가 실패라고 생각하지 않는 한 이것은 실패가 아니다.

내가 살아 있고 건강한 한

나한테 시련은 있을지언정 실패는 없다.

– 현대그룹 창업주 정주영

말하는 대로 이루어진다

일본 도요타 자동차 정비부분 1위 정비사
하라 마사히코의 한마디

"

생각한 대로

이루어진다.

"

운명을 결정짓는 우직함

결단을 내리는 순간 운명이 달라진다.

― 앤서니 라빈스

내가 자주 사용하는 최고의 사자성어는 "수적천석水滴穿石" [8]으로 뜻은 "작은 물방울이라도 끊임없이 떨어지면 결국엔 돌에 구멍을 뚫을 수 있다." 즉 한 가지의 일에 우직함으로 했기에 물방울이 돌을 파고 뚫을 수 있었던 것이다.

철학자 키에르케고르는 "절망이야말로 죽음에 이르는 병"이라는 유명한 말을 남겼다. 이를 역으로 말하면 "살리는 것은 희망"이라는 의미이다. 그런데 희망은 성공에 이르는 원동력으로 품은 그대로 현실이 된다.

그러니 인생 최악의 날에 맞닥뜨렸을 때조차 희망을 버리지 말라. 여전히 희망은 완전한 회복으로 가는 길이다.

나는 서양철학 전공자로서 수많은 성공한 고전 인물들을 연구하여 나눈다. 그런데 그 인물들 대부분이 대가, 고수, 거장, 명인이었다. 그 요인은 모두들 초심에 세운 확고한 목표가 있었기에 가능했다. 그러니까 오랜 시간 흔들리지 않은 의지가 위대한 인물을 만들었다. 최고를 목표로 삼았기에 최고를 고집하고, 최고를

---

8 水(물 수), 滴(물방울 적), 穿(뚫을 천), 石(돌 석)

추구하고, 최고를 요구함으로 자신의 삶을 보다 최고의 명품 인생으로 만들어 갈 수 있었다.

여러분도 최고가 되고자 한다면 보다 큰 뜻을 품고 최고를 고집하라. 이것이 명품 인생으로 나아가는 시작이다.

부자 기업가 빌 게이츠 역시 어렸을 때부터 또래들이 생각하지 않았던 꿈과 남다른 확고한 목표를 가지고 있었는데, "집집마다 컴퓨터를 한 대씩 갖도록 하는 것"이었다. 또한 긍정적인 사고의 창시자 노먼 빈센트 필 박사는 "분명한 비전이 있다면 그것을 위해 적극적으로 행동해야 한다. 이것이 바로 성취의 길"이라고 말했다.

데일 카네기는 말하길

"행운은 매달 찾아온다. 그러나 그것을 맞을 준비가 되어 있지 않으면 거의 다 놓치고 만다. 이번 달에는 이 행운을 놓치지 마라."

그러니까 행운은 반드시 찾아온다. 그런데 행운은 왔을 때 잡아야 하며, 그러려면 항상 행운을 잡을 준비를 해야 한다.

한 번은 부두의 노동자로 살던 한 남자가 돈을 모아 아주 비싼 고급 레스토랑에 가게 되었다. 거기서 그는 많은 부자들의 일거수일투족을 관찰했고, 특히 그들의 생각, 행동, 말, 태도 등 모든 것을 따라 하기 시작했다. 어느 순간 그렇게 흉내 냈던 것들이 습관이 되었고 삶으로 변화되자, 그도 똑같이 부자가 되었다.

단호히 말하건대, 행운을 잡을 준비를 항상 하고 있어야 하며, 왔을 때 알아보고 낚아채야 한다. 궁극적으로 우리의 운명을 결정짓는 것은 우리를 둘러싼 환경이 아니라, 바로 내가 내리는 결단이다.

혼다 자동차와 오토바이를 생산하는 혼다 기업의 창립자 쇼이치로 혼다(1906~1992)는 비극이나 문제, 힘든 상황, 혹은 환경의 변화가 자신의 길을 막아서는 일을 절대로 용납하지 않았다. 사실 그는 어마어마한 시련에 부딪혀도 단지 앞에 놓인 장애물 넘기 경주 정도로만 생각하기 일쑤였다.

이렇듯 장애물을 넘기 위해 노력하지 않으면 성취는 없다. 앞서가는 사람들은 하나같이 자신이 원하는 것을 얻기를 애쓰며, 그것이 여의치 않으면 직접 그 상황을 만들기 위해 노력했다. 끌려가지 않고 주도적으로 이끌고 나아갔다. 날마다 구체적인 행동을 취했다. 그래서 열 가지 성공이 있다면 그중 아홉은 실천의 결과다.

심리학자 제롬 브루너는 "기분이 행동을 일으키는 게 아니라 행동이 기분을 일으키는 것"이라고 하였다. 지금보다 높게 점프하고자 한다면, 당장 결정하고 행동하라. 반드시 문제를 극복하게 될 것이다.

지금 결단은 기적을 만든다. 생각이 변하면 행동이 변하고, 행동이 변하면 미래가 바뀐다.

하버드대와 워싱턴 주립대에 다니던 두 명의 대학생이 컴퓨터에 사용할 운영체제 프로그램 개발이라는 목표를 세웠다. 그리고 그 목표를 전념하기 위해 다니던 대학도 그만두기로 결단했고 행동했다. 이들이 바로 마이크로소프트사의 창업주 빌 게이츠와 폴 앨런이다.

생생하게 꿈꾸는 능력

생생한 꿈이 있는 사람은 어떤 상황에서든
다시 일어설 수 있다.
− 정병태 박사

흔히 '괴짜'라는 말은 고정관념을 깨는 사람이다. 그런데 고정관념을 깨는 창조성을 배양하려면 우선 생각하는 시간을 확보해야 한다.

호텔 왕이라 불리는 콘래드 힐튼(Conrad Hilton, 1887~1979)은 전 세계에 250개가 넘는 힐튼 호텔을 세웠다. 그는 호텔의 '벨보이'였는데, 당시 미국에서 가장 큰 호텔의 사진을 구해서 자신의 책상 위에 붙여놓고 그 호텔의 주인이 된 자신의 모습을 강렬하게 상상했고 하루에도 수십 번씩 마음 속으로 외쳤다.

훗날 그는 미국에서 가장 큰 호텔 주인이 된다. 미래는 내가 그리고 꿈꾸는 대로 흘러갈 수 있다.

호텔 왕이 된 콘래드 힐튼은 사람들이 성공 비결을 물어올 때마다 이렇게 대답했다.

"흔히 사람들은 재능과 노력이 성공을 가져다줄 것으로 생각한다. 꼭 그렇지만은 않다. 성공을 불러들이는 힘은 생생하게 꿈꾸는 능력이다. 내가 호텔 벨보이 생활을 할 때 내 주위에는 똑같은 처지의 벨보이들이 많이 있었다. 재능이 나보다 뛰어난 사람들이 많이 있었고, 나보다 더 열심히 일하는 사람들 역시 많이 있었다. 하지만 온 힘을 다해서 성공한 자신의 모습을 꿈꿨던 사람은 오직 나 하나뿐이었다. 성공하는 데 있어서 가장 중요한 것은 꿈꾸는 능력이다."[9]

이렇듯 생생한 꿈이 있는 사람은 어떤 상황에서든 다시 일어설 수 있고 명품 인생을 생생하게 꿈꾸면 이루어진다.

벨보이에게 성공을 배우다

성공을 불러들이는 힘 = 생생하게 꿈꾸기

미래는 마음속으로 생생하게 그리는 그림 의해서 결정된다.

VD = R 공식
V = Vivid 생생하게
D = Dream 꿈꾸면
R = Realzation 이루어진다.

9 콘래드 힐튼, 《호텔 왕 힐튼 자서전》, 역 박강수, 삼성출판사.

살아남을 수 있었던 비밀

성공을 거머쥔 사람들의 공통된 특징?

그들은 한마디로 세상과 싸우지 않고도 이길 수 있는 자신만의 뚜렷한 목표를 가지고 있었다. 이렇듯 성공적인 삶을 살기 위해서는 확고한 목표와 신념이 필요하다.

오스트리아 출신의 정신의학자 빅터 프랑클는 2차 세계대전 당시 나치에 의해 강제수용소로 보내졌다. 죽음의 강제수용소에서 살아남은 '빅터 프랑클' 박사가 쓴 자신의 경험을 담은 《죽음의 수용소에서》라는 책에서 삶의 목표가 얼마나 큰 힘과 영향을 주는지를 알 수 있는 내용이다.

다음은 그가 죽음의 수용소에서 살아남을 수 있었던 내용이다.

"나치 수용소에서 끝까지 살아남은 사람들은 가장 건강한 사람도, 가장 영양 상태가 좋은 사람도, 가장 지능이 우수한 사람도 아니었다. 그들은 살아야 한다는 절실한 이유와 살아남아서 해야 할 구체적인 목표를 가진 사람들이었다. 목표가 강한 의욕과 원동력을 지속적으로 제공했기 때문에 살아남을 수 있었던 것이다."

빅터 프랑클(Viktor Emil Frankl)은, 나치는 그의 주변 환경 전체를 통제하고 원하는 대로 그의 육체를 다룰 수 있었지만 빅터 자신의 생각까지 통제할 수는 없다는 것을 깨달았다.

그는 이 사건을 통해 인간의 본질에 대한 기본 원리를 이해하면서, 어떠한 환경하에서도 꿋꿋이 이겨나가는 사람들이 가지는 가장 중요하고도 기본적인 습관은 '주도성'이라고 말했다.

여기서 주도성이란 스스로 삶에 대해 책임을 진다는 의미이다.

오스트리아에서 태어난 유대인으로 신경학자이며 심리학자

제3의 길로 가라

앤드류 카네기(Andrew Carnegie, 1835~1919, 영국)

미국의 철강 왕으로 불렸던 앤드류 카네기는 대부호이자 사상가였다. 그의 묘비명에 쓰인 글귀는 유명하며 읽는 이의 마음을 일깨운다.

"자기 자신보다 더 우수한 사람을 어떻게 다루어야 하는지 알았던 사람이 여기 누워있다."

앤드류 카네기는 성공의 비결을 다음과 같이 말했다.

"어떤 직업에 있든 간에 그 분야에서 제 1인자가 되려고 하는데에 있다."

그렇다. 카네기의 성공 비결은 목적의 불변에 두었다. 하나의 목표를 가지되 꾸준히 나아간다면, 구체적으로 하나씩 실천한다면 반드시 성공하게 된다. 반면 성공하지 못하는 사람들을 보면 처음부터 끝까지 한길로 쭉 나아가지 못한다. 수시로 방향과 목표를 바꾼다. 그러므로 생생하게 꿈꾸며 한 방향으로만 쭉 밀고 나아간다.

여러분에게 묻겠다. "당신은 성공하기를 원하는가?"

그렇다면 이미 개척해 놓은 레드오션(Red Ocean)의 길이 아닌 그 누구도 가지 않는 새로운 제 3의 길, 즉 블루오션(blue ocean)을 개척해 나아가라. 이는 낯설고 불편한 길이지만 앞으로 나아간다면, 곧 좋은 성과가 있으며 원하는 것을 얻게 된다.

놀랍게도 사람은 누구든 태어날 때 승리자 또는 실패자로 정해져 태어나지 않는다. 단지 성공과 실패의 가능성 모두를 가지고 태어났을 뿐이다. 그러므로 이 세상엔 그 누구도 실패하기 위해서 태어난 사람은 없다.

앤드류 카네기는 사람을 다루는 데에 능숙했던 사람이었다. 한 번은 기자가 카네기에게 성공의 비결을 묻자, 그는 이렇게 대답했다.

"상대방의 바구니부터 철철 넘치도록 가득 채워주십시오. 그리고 나면 돈을 버는 것은 식은 죽 먹기랍니다."

나폴레옹 힐의 성공 비결

나폴레온 힐(Napoleon Hill, 1883~1970), (사진 1937)

1908년 나폴레온 힐은 기자 초년생 시절에 한 인터뷰에서 당대의 대성공자 앤드류 카네기를 만나면서 그의 인생은 송두리째 바뀌게 된다. 철강 왕으로 더 알려진 카네기와의 만남을 계기로 그의 삶은 전혀 예기치 않는 방향으로 유턴하게 된다. 이 두 사람은 사흘 동안 만남을 가졌다. 카네기와의 만남은 젊은 나폴레온 힐에게 깊은 감동을 주었다. 그 후 카네기와 약속대로 《성공의 법칙》 책을 완성하였고 단숨에 베스트셀러가 되었다. 1970년 나폴레온 힐도 88세의 일기로 파란만장했던 삶을 마친다.

나폴레온 힐이 남긴 《성공의 법칙》의 핵심은 의외로 간단하다. 이 책에서 가장 강조하고 있는 핵심은 크게 두 가지이다.

첫째로 '사람은 명확하고 중요한 목표를 가져야 한다'는 점이다. 목표를 가져야만 지금보다 더 나은 단계로 발전할 수 있다.

두 번째는, 즉 명확한 목표가 확립되었다면 '마스터마인드(mastermind)'가 필요하다. 다른 사람의 협력 없이도 성공할 수 있다고 믿으면 그것은 스스로 기만하는 것이다.

성공의 성취는 어떻게 하면 다른 사람들의 협력을 좀 더 기술적으로, 그리고 재치 있게 얻어낼 수 있느냐의 문제이다. 즉 뛰어난 두뇌로 협력을 이끌어내는 것이다.

세계적인 성공학 연구가 나폴레온 힐은 유년 시절 새어머니로부터 "너는 틀림없이 역사에 이름을 남길 위대한 작가가 될 것이다."라고 예언해주는 격려의 말을 들으면서 자랐다. 그리고 마침내 부자 마스터 마인드 앤드류 카네기(Andrew Carnegie)를 만났고 그의 도움으로 《성공의 법칙》이라는 세계적 베스트셀러를 만들었다. 또한 그의 최고의 걸작 〈생각하라 그리고 부자가 되어라〉는 당대의 자수성가한 부자 507명을 인터뷰해 그들의 성공 비결을 정리한 책이다.

나폴레옹 힐의 성공 비결 4가지

1. 인생에서 누구를 만나느냐가 결정해준다.

2. 생각하라 그러면 부자가 된다.

3. 모든 성취의 출발점은 꿈을 꾸는 것으로부터 시작된다.

4. 성공의 가장 중요한 원칙은 한 걸음 나아가는 습관을
   기르는 것이다.

〈생각 나눔〉 마스터 마인드

나폴레온 힐이 말하는 성공 법칙인 '마스터 마인드 (master mind)'가 무엇인지를 이해했다면, 결심을 구체적으로 적고 나누어보자.

운이 트이는 마스터 마인드

성공학자 나폴레온 힐이 '마스터 마인드(master mind)'라는 이름을 붙인 이 '성공의 법칙'은 과제의 수행을 목적으로 연계된 두 명 혹은 그 이상의 사람들 사이에 조직화 된 협력을 통해 개발되는 심성(心性)을 의미한다. 즉 마스터 마인드의 조화가 연관된 사람들이 만나는 과정에서 나누는 마음의 화학작용을 통하여 이루어진다는 것이다.

생각해 보면, 누군가를 처음 만났을 때 공연히 마음이 불편해지는 사람이 있는가 하면, 마치 백년지기 친구처럼 마음이 통하는 사람도 있다. 이렇듯 서로 통하는 사람들이 만나면 마음의 에너지가 서로 공명을 일으켜 쉽게 의기투합할 수 있지만, 서로 상충하는 사람들이 만나면 마음의 에너지가 서로 교란을 일으켜 불편한 느낌이 들게 한다. 건설적인 대화가 이어지지를 않는다.

그러므로 운이 트이는 마스터 마인드는 나의 꿈을 돕는 응원자이자 후원자를 만났다는 의미이다. 둘이나 혹은 그 이상의 정신들이 일단 접촉하게 되면 제 3의 에너지가 탄생하게 된다. 이를테면, 화학작용과 같은 것이다.

미국 자동차 회사인 포드(Ford)의 창업자 자동차 왕 헨리 포드(Henry Ford)도 역시 자신의 성공 비결은 바로 마스터 마인드의 원리를 활용했기 때문이라고 하였다. 그는 컨베이어 벨트 조립 라인 방식에 의한 양산체제인 포드시스템(Ford System)을 확립했다. 이를 통해 자동차의 대량 생산 시스템을 갖추어 나갈 수 있었다.

다음은 나폴레온 힐이 미국의 철강 왕 앤드류 카네기에게 질문했던 내용이다.

"당신의 성공 비결이 무엇입니까?"

앤드류 카네기는 이 물음에 자신의 성공 비결을 다음의 3가지로 대답하였다.

첫째, 나는 가난한 집안에서 태어났기 때문에 이 가난을 어떻게든 극복하겠다는 강한 집념이 있었다.

둘째, 나는 배운 것이 없어 비록 무식하지만, 무엇을 하면 그 분야에서 1등을 하겠다는 최선의 열심이 있었다.

마지막으로, 가난하고 무식했기 때문에, 하나님을 중심으로 모시고, 모든 것을 하나님께 맡기고 다스려 주실 줄 알고 주야로 무릎을 꿇고 기도하였다.

이러한 결과로 카네기는 세계에서 가장 큰 철강회사를 설립할 수 있었다. 이렇듯 무엇이든 해내고 말겠다는 강한 집념과 무엇이든 최선을 다하는 열심 그리고 기도하는 절대 마스터 마인드만 있다면 성공할 수 있다.

당신의 꿈도 반드시 이루어질 것이다. 왜냐하면 이미 우리도 3가지 무형의 성공 물질을 모두 갖고 있다. 결국 성공의 기회는 모든 사람들에게 공평하게 주어지기 때문이다.

<실전학습> 부를 향해 가는 학습

<u>카네기가 알려주는 성공 요인 4가지</u>

1. 있는 자리에서 최선을 다하라.

2. 한 분야를 파고들어 1인자가 되라.

3. 사람 관계에 뛰어난 자질을 갖추라.

4. 앞을 내다보는 통찰력이 필요하다.

<u>카네기의 인간관계를 잘 맺는 6가지 법칙</u>

1. 다른 사람들에게 순수한 관심을 기울여라.

2. 미소를 지어라.

3. 이름을 잘 기억하여 불러준다.

4. 경청하라.

5. 상대방의 관심사에 대해 이야기하라.

6. 상대방으로 하여금 중요하다는 느낌이 들게하라.

카네기 인간관계 3가지 기본원칙

1. 비판이나 비평, 불평하지 않기

2. 솔직하고 진지하게 칭찬하기

3. 사람들에게 동기부여를 일으키기

카네기의 성공 비결 10가지

1. 열등의식과 자기를 과소평가하는 것은 금물이다!

2. 항상 지름길만을 선택하면 낭패를 당할 수 있다!

3. 다른 사람이나 환경에 책임을 전가시키지 않아야
   한다!

4. 목표를 분명히 잡아야 한다!

5. 모방보다는 독창력을 추구하는 삶을 살아야 한다!

6. 과거에 집착하면 안 된다!

7. 포기하지 않고 인내하도록 하라!

8. 일할 때 한 번 더 생각하는 판단력을 가져라!

9. 목표를 세우고 계획도 분명하게 세워라!

10. 실패하면 실패한 원인과 교훈을 생각하라!

반드시 밀물 때는 온다

'반드시 밀물 때는 온다. 그날, 나는 바다로 나갈 것이다.'
– 〈카네기의 바다〉

영화배우 박중훈에게 기자들이 다음과 같은 질문을 하였다고 한다.

"좋은 연기를 할 수 있는 비결이 무엇인가요?"

그는 이렇게 대답하였다.

"성공작은 나에게 인기를 가져다주었지만,

실패작은 나를 더 강하게 만들었습니다."

영국의 평론가 토마스 카알라일은 이렇게 말했다.

"길을 가다가 돌이 나타나면 약자는 그것을 걸림돌이라고 하고,

강자는 그것을 디딤돌이다."

유명한 앤드류 카네기의 일화이다. 그는 그림 주인에게 '이 그

림을 제게 주세요'라고 부탁했다.

앤드류 카네기의 사무실에는 그가 일생 동안 아끼던 낡고 커다란 그림 하나가 벽에 걸려 있었다. 그림은 유명한 화가의 작품이거나 골동품적인 가치가 있는 그림은 아니었지만 보는 관점에 따라 다르게 볼 수 있는 그림이었다.

카네기는 회사를 운영하면서 힘들 때마다 그 그림을 보면서 힘을 얻곤 했다. 그저 커다란 나룻배와 배를 젓는 노 하나가 썰물에 밀려 황량한 모래사장에 덩그러니 내팽개쳐져 있는 그림이었다. 그러나 그 그림에는 그의 사무실을 방문하는 사람들의 시선을 항상 붙잡아 두는 짧은 글귀가 적혀 있었다.

"반드시 밀물 때는 온다.
그날, 나는 바다로 나갈 것이다."

"The high tide will come. On that day, I will go out to the sea." 반드시 밀물이 온다. 그때 나는 바다로 나가리라.

앤드류 카네기가 세일즈맨이던 젊은 시절, 수없이 많은 거절을 당했다. 실적이 곤두박질쳐서 어느 달에는 성과가 전혀 없을 때도 있었다.

"그때 저는 '나에게도 반드시 밀물 때는 온다'는 소망과 확신을 갖게 되었습니다.

비록 낡고 볼품없는 그림이지만 저에게 큰 용기와 희망을 주었고 오늘의 자리에까지 이르게 되었습니다."

\# 내가 리더십 강의에서 자주 나누는 과제이기도 하다. 먼저 학생들에게 〈카네기의 바다〉 그림을 찾아 출력하여 제출한다. 그림은 썰물로 인해 갯벌에 오도가도 못하고 있는 처박한 나룻배 한 척의 그림을 그려내는 것이다.

에필로그

정병태 교수의 **슬럼프 극복하는 법**

썰물이 있으면 반드시 밀물의 때가 온다.

내리막길이 있으면 오르막길도 있다.

성공으로 나아가는 길목에는 수없이 많은 걸림돌이나 크고 작은 슬럼프(slump)가 올 수 있다. 나를 비롯하여 각 분야에서 성공한 사람들을 찾아가서 물어보라. 우리보다도 더 많은 시련과 어려움을 겪고 일어난 사람들이었음을 확인할 수 있을 것이다.

지금의 상황이 썰물같이 활량하다하여 지금 그만두면 아무 일도 일어나지 않는다. 낙심하지 말고 〈카네기의 바다〉 그림 밑에 씌어 진 글귀처럼 **'썰물이 있으면 반드시 밀물 때는 온다!'**.

이미 지나간 일들을 뒤돌아보지 마라. 대신 곧 다가올 좋은 때를 기다려라. 반드시 밀물 때가 온다.

어쩌면 슬럼프는 도약을 위한 숨 고르기 일수 있다. 누구든 힘들고 지치면 포기하고 싶을 때가 있다. 주저앉아 버리고 싶고 의욕을 상실할 때가 있다. 하지만 낙심하지 않고 기다리면 밀물 때는 반드시 온다.

우리가 잘 알고 있는 골프계의 황제로 불리는 타이거 우즈는 이런 고백을 하였다.

"나는 슬럼프에 빠지면 더 많은 연습을 통해 정상을 되찾곤 한다."

그렇다. 힘껏 당부한다. 지난 일에 매여 있거나 뒤를 돌아보지 마라. 어제의 실패에 매여 있지 말고, 내리막길이라고 절망하지 마라. 내리막길이 끝나면 곧 오르막길이 있어 높이 오를 수 있다. 밤이 깊어지면 곧 동이 틀 테니 희망을 버리지 마라.

"썰물이 있으면 반드시 밀물 때가 온다!"

슬럼프를 극복하는 7가지 법

---

1. 스스로에게 휴식을 주고, 재미있는 일을 찾아라.
2. 초심으로 돌아가라.
3. 자신을 비관적으로 판단하지 마라.
4. 다른 사람들과 경쟁하지 마라.
5. 긍정적인 대화로 삶을 채우라.
6. 중요한 결정을 쉽게 내리지 마라.
7. 자신감을 회복하라.

일찍이 나는 멘탈과 운과 성공을 연구하다 솔깃한 문장을 만났다.

부자들의 가방에는 항상 '이것'이 들어 있다.

손에서 펜을 놓지 않았다. 어떤 상황에서도 성실한 기록을 한다. 결국 삶을 움직이는 것은 우리의 손인 셈이다.

이 책엔 운과 부와 성공을 기록했다.

믿음을 갖고 실천한다면 실제로 부의 운이 따르게 될 것이다.

좋은 부의 운을 끌어당기는 가장 빠른 방법은 ,

먼저 자신을 믿고 절대 가능성을 키워나가면 된다.

감사합니다. 사랑합니다. 응원합니다.

정병태 교수의
부의 운을 부르는 성공 수업

저자 010.5347.3390
jbt6921@hanmail.net

정병태 박사 씀